17.60

Trutz Hardo

Entdecke Deine früheren Leben

Verlag PETER ERD · München

CIP-Titelaufnahme der Deutschen Bibliothek

Hardo, Trutz:
Entdecke deine früheren Leben / Trutz Hardo. – München :
Erd, 1991
  ISBN 3-8138-0202-7

2. Auflage
Umschlaggestaltung: Barbara Klauer
Copyright © Verlag Peter Erd, München 1991
Alle Rechte, auch die des auszugsweisen Nachdrucks,
der Übersetzung und jeglicher Wiedergabe, vorbehalten.
Satz: Utesch Satztechnik, Hamburg
Druck und Verarbeitung: Presse-Druck Augsburg
Printed in Germany
ISBN 3-8138-0202-7

Inhalt

Vorwort

von

Prof. Dr. med. Eli-Erich Lasch, Israel und Berlin

Plötzlich fühlte ich, wie etwas in mir geschah, daß ich mich mehr und mehr von der Gegenwart entfernte, daß ich zurückging – zurück in eine ferne und mir unbekannte Vergangenheit. Ich lehnte mich an den Turm der zerstörten St. George Kirche auf dem Tor (dem heiligen Berg) von Glastonbury, schloß meine Augen und erwachte in einem anderen Zeitalter. Vor mir erschien ein strenges Gesicht, das Gesicht meines Vaters, des Königspriesters von Avalon. Das Gesicht meines Vaters? Wer und wo war ich denn plötzlich? Woher wußte ich, daß das Gesicht vor mir das meines Vaters war und daß er der Königspriester des verschollenen Landes Avalon war, das sich vor 12 000 Jahren selbst zerstört hatte und später von Plato Atlantis genannt wurde? Ich wußte es einfach, denn ich befand mich in einem anderen Körper, in einem Raum, der mir sehr vertraut war und aus dessen Fenster ich meine geliebte Stadt sah.

Diese Versetzung in die Vergangenheit ereignete sich spontan während meines Besuches in Glastonbury, der »heiligen« Stadt Englands, aber seitdem erfuhr ich, daß auch andere Menschen ähnliche Erlebnisse in dieser Stadt hatten und daß es sich wahrscheinlich um einen »Einweihungsort« handelt. Dieses Ereignis war auch meine erste Begegnung mit einem meiner früheren Leben beziehungsweise Inkarnationen.

So etwas mußte aber gerade mir passieren, einem Mediziner und Forscher, der bis dahin nichts annehmen wollte, was nicht mit anerkannten wissenschaftlichen Methoden bewiesen werden konnte – jemandem, der sich zwar immer für das Paranormale interessiert hat, aber auch auf diesem Gebiet immer wieder Beweise forderte und alles andere als Ausschweifungen der Phantasie oder sogar als Betrug ansah. Andererseits war aber dieses Erlebnis so klar und eindeutig, daß ich kaum an seiner Wirklichkeit zweifeln konnte. Selbst für einen Wachtraum ist es zu real gewesen, und meine Begleiter konnten mir versichern, daß ich bestimmt nicht eingeschlafen war.

Für den Arzt in mir stellte sich natürlich sofort die Frage, ob es sich nicht um eine Halluzination, einen psychotischen Anfall, gehandelt hat, denn für den Geisteskranken sind gewöhnlich seine Halluzinationen derart real, daß er sie nicht von der objektiven Wirklichkeit (soweit eine solche überhaupt besteht) unterscheiden kann. Was mich beruhigte, war die Tatsache, daß ich im Gegensatz zu Geisteskranken sehr gut zwischen der damaligen und der heutigen Realität unterscheiden konnte. Ich hielt es zwar für sehr gut möglich, daß ich damals wirklich der Sohn des Königspriesters gewesen bin und später selbst den Posten eingenommen hatte, aber ich wußte auch genau, daß das, was ich gesehen hatte, sehr wenig mit der heutigen Zeit zu tun hat. Der einzige Verbindungspunkt war vielleicht, daß ich mir relativ schnell aneignen konnte, was ich damals gekonnt und gewußt hatte. Schon Plato sagte: »Es gibt kein Lernen – nur ein Erinnern.« Es ist auch sehr unwahrscheinlich, daß es sich nur um eine Ausschweifung meiner Phantasie gehandelt hat, denn es stellte sich später heraus, daß die Sachen, die ich gesehen hatte, haargenau mit den Visionen anderer Hellseher übereinstimmten. Um nur ein Beispiel zu erwähnen: Ich sah unter anderem eine Art von Luftgondeln, die mit denjenigen, die Edgar Cayce in seiner Darstellung von Atlantis beschrieben hat, identisch waren.

Dieses Erlebnis veränderte mein Leben. Ich verfüge seitdem über die Fähigkeit, die früheren Leben anderer Menschen zu sehen, lernte einige Rückführungsmethoden und verwandelte mich langsam von einem Kinderarzt in einen Rückführungstherapeuten.

Mit der Zeit und den Erfahrungen, die ich nun sammelte, kam ich mehr und mehr zu der Überzeugung, daß es mehr als nur eine Sichtweise gibt, unsere Welt wahrzunehmen. Daß die Mystiker und Esoteriker aller Zeiten wahrscheinlich

10

doch nicht im Unrecht waren mit ihren Behauptungen, daß unser Leben nicht mit dem Tod aufhört, sondern in einer anderen Form, die ich hier »menschliches Bewußtsein« nennen möchte, weiterhin existiert und sogar wieder eine irdische Form annehmen kann. Denn Reinkarnation ist ein lateinischer Terminus, der nichts anders bedeutet als »zurück ins Fleisch – re in carne –« zu gehen. Vielleicht ist es genau dieses Selbstbewußtsein, das über *seine* Seele, *seinen* Körper und *seinen* Geist spricht, das uns von den Tieren unterscheidet und uns von der Vergänglichkeit des physischen Körpers befreit. Aber all das könnten doch nur Theorien sein, und der Zweifler wird sagen: »Und dennoch gibt es im Grunde keinen Beweis für ein Überleben des Bewußtseins nach dem Tode, denn keiner ist bis jetzt wieder ins Menschenleben zurückgekommen. Alle sogenannten Beweise können nicht der objektiven Kritik standhalten, sondern lassen sich auch auf andere Art erklären.«

Diese letzte Zuflucht der Zweifler konnte in den siebziger Jahren durch die Forschungen von Dr. Raymond A. Moody (Leben nach dem Tod, Hamburg 1977) widerlegt werden. Durch Befragungen von Menschen, die klinisch tot waren und dann wieder ins Leben zurückgeholt wurden, konnte er feststellen, daß alle, die sich überhaupt an etwas erinnern konnten, über einen außerkörperlichen Zustand sprachen. Dazu kommt noch, daß alle Aussagen, egal auf welchem Kontinent sie gemacht wurden, in verblüffender Weise übereinstimmten.

In diesem Zusammenhang möchte ich noch über ein anderes Ereignis berichten. Vor einigen Jahren wurde der dreizehnjährige Sohn von guten Bekannten von einem Auto angefahren und bewußtlos ins Krankenhaus eingeliefert. Da die Ärzte der Mutter keine klare Auskunft über die Aussichten ihres Sohnes geben konnten, wandte sie sich an mich mit der Bitte, andere Methoden anzuwenden. Ich begab mich daraufhin mit der Mutter in das Krankenhaus, konzentrierte mich auf das Wesen des Jungen und rief es in seinen irdischen Körper zurück. Ich war mir so sicher, daß er sich schon im Prozeß des Aufwachens befand, als ich den Fehler beging, ihn zu kneifen – eine Methode, die oft bei Patienten, die aus einer Narkose geweckt werden, benützt wird. Leider wachte er nicht auf, aber ich war mir trotzdem sicher, daß es sich nur um einige Tage handeln konnte, bis er wieder bei Bewußtsein sein würde. Zwei Tage später schlug der Junge die Augen auf und erzählte seiner Mutter folgendes: »Ich befand mich außerhalb meines Körpers und war mir noch im unklaren darüber, ob ich überhaupt zurückkehren wollte, denn ich hatte Angst, daß mein Gehirn beschädigt ist. Aber da rief mich plötzlich jemand und zwang mich, zurückzukommen. Gerade als ich die Augen öffnen wollte, kniff er mich; das hat mich so geärgert, daß ich mich entschloß, euch noch zwei Tage länger warten zu lassen. Ich wußte zwar, daß ich keine Wahl mehr hatte, wollte aber doch noch zwei Tage meine Freiheit genießen.«

Bis vor kurzem wurde im Westen alles, was mit Reinkarnation zusammenhängt, als spezifisch für die östliche Religionslehre angesehen. Der Grund dafür ist, daß im Gegensatz zum Westen der Glauben an die Reinkarnation zum offiziellen Teil der östlichen Religion gehört, während er im Westen verdrängt wurde und nur noch in den esoterischen Lehren, wie zum Beispiel in der Kabbala, weiterbesteht. Dort wird er allerdings genauso angenommen wie im Osten und wird auf hebräisch »gilgul neshamot« genannt – das Rad, das die Seelen von einem Leben zum anderen befördert. Sogar die hebräische Bibel – auf kabbalistische-numerologische Art gedeutet – spricht über Reinkarnation. Wenn wir das Wort ADAM (Mensch) in Silben teilen, werden wir folgendes entdecken. Die erste Silbe – A – besteht aus dem Buchstaben Aleph, der eine der Bezeichnungen des göttlichen Geistes darstellt. Die zweite Silbe – DAM – hingegen bedeutet Blut, und der numerologische Wert dieser Silbe ist 44, die Summe der Werte der hebräischen Worte für Vater (AV = 3) und für Mutter (EM = 41). Die Bedeutung des Wortes Adam – Mensch – ist, mit anderen Worten, die Verbindung des Göttlichen und des Vergänglichen, das wir von unseren Eltern bekommen. Ein gleiches sagt auch die Reinkarnationslehre. Nachdem die Seele (der »göttliche« Teil) sich entschlossen hat, sich zu reinkarnieren, sucht sie sich die passenden Eltern aus, damit diese ihr einen neuen physischen Körper aufbauen.

Sind wir also einmal davon überzeugt, daß es so etwas wie Reinkarnationen gibt und daß wir wahrscheinlich schon mehrere Male auf Erden gelebt haben, stellt sich die weitere Frage: Wozu sollen wir uns eigentlich mit Rückführungen beschäftigen? Haben wir überhaupt das Recht, die von der Natur verschleierten Erinnerungen aufzurufen und auf diese Weise in natürliche Vorgänge einzugreifen? Diese Vorwürfe können aber auch gegen alle medizinischen Eingriffe und besonders gegen die moderne Tiefenpsychologie erhoben werden. Die Psychologie aber hat klar bewiesen, daß viele Probleme des erwachsenen Menschen eindeutig auf verdrängte Kindheitserlebnisse zurückzuführen sind, an die wir uns ja ebenfalls nicht bewußt erinnern können, obwohl sie uns ununterbrochen beeinflussen. Es besteht heute kein Zweifel mehr darüber, daß die Prägungen der Kindheit unsere ganze Lebensart unbewußt beeinflussen und oft sogar bestimmen – oder wie es Shakespeare schon gesagt hat: »Das Kind ist der Vater des Mannes« – und der Frau. Die Reinkarnationslehre geht einfach einen Schritt weiter und behauptet, daß sehr viele unserer heutigen Probleme auf traumatische Erlebnisse in früheren Leben zurückzuführen sind. Daß sogar viele der traumatischen Kindheitserlebnisse, die die Tiefenpsychologie behandelt, nichts anderes sind als die Wiederholung von Mustern aus früheren Leben; daß wir uns unsere Eltern und unsere Umgebung ausgesucht haben, um aus diesen Mustern zu lernen und diese schließlich zu überwinden.

Das hier vorliegende Buch von Trutz Hardo füllt eine bisher noch im deutschen Sprachbereich bestehende Lücke, da es hierzulande noch kein Kompendium gibt, welches das ganze Gebiet der Rückführung so gründlich umfaßt hat. Dieses leicht verständliche Handbuch ist sowohl für das interessierte Publikum wie für den Fachmann geschrieben. Es basiert im wesentlichen auf den eigenen Erfahrungen des Verfassers und wird hoffentlich den Leser ermuntern, eigene Erfahrungen mit den dargebotenen Methoden zu sammeln. Hierzu möchte ich ihn ausdrücklich auffordern, denn das Wissen um frühere Leben bedeutet nicht nur eine Bewußtseinserweiterung, sondern macht uns die Zusammenhänge klarer, die uns zu dem gemacht haben, was wir heute sind. Dieses Verständnis ermöglicht uns auch, oft wiederkehrende Fehler zu vermeiden und in dieser Weise unsere Lebensqualität zu steigern und ein viel erfüllteres Leben zu führen.

Berlin, im August 1990

Einleitung

Der Esoteriker glaubt zu wissen, daß das, was existiert – ob wir es nun mit unseren Sinnen wahrnehmen können oder nicht – in Wirklichkeit nur aus Schwingungen besteht und daß das, was wir sehen, nur Vortäuschung, Maya, ist. In Wirklichkeit ist alle Materie und alles, was hinter beziehungsweise über der Materie schwingt, letztendlich Geist. Auch existieren Raum und Zeit – wie wir sie wahrzunehmen gewohnt sind – überhaupt nicht. Sie sind darum ebenfalls Illusionen, und wir, die wir in diesen Illusionen mitschwingen, können uns von der eigentlichen Wirklichkeit allen Daseins keinen Begriff machen, es sei denn, wir kommen mit unserem innewohnenden Höheren Selbst in Kontakt, das uns über das Spiel der Illusionen aufklärt und uns über das Hier und Jetzt, über die Alleinheit und die allmächtige Liebe berichtet, die das ganze Sein durchpulst.

Aus der höchsten uns vermittelbaren Perspektive gesehen, gibt es also keinen Raum und keine Zeit. Somit ist nicht nur unser gegenwärtiges Erdenleben Illusion, sondern auch alle früheren oder zukünftigen Leben, da sich alles im Jetzt befindet.

Und trotzdem haben wir uns als unzerstörbare Teile der Alleinheit aus freiem Willen in Illusionen begeben, um das Spiel von Dualität und Kausalität in vorgestellten Zeiten und Räumen zu spielen. Innerhalb dieses Spiels durchmessen wir viele Erdenleben oder Leben auf anderen Daseinsebenen. Haben wir ein bestimmtes Leben in einer der an die Materie gebundenen Illusionsebenen abgeschlossen, so begeben wir uns auf eine höherschwingende zwischenzeitliche Illusionsebene – das sogenannte Jenseits oder die geistige Welt –, um aus der Distanz auf das Erlebte zurückzublicken und uns nach Erholung und Belehrung wieder auf einen von uns selbst ausgesuchten erneuten Lebensdurchgang in einer schwingungsniedrigeren Illusionsebene vorzubereiten – in unserem Fall auf dem (noch) blauen Planeten Erde. Für die meisten Menschen der sogenannten zivilisierten oder fortschrittlichen Völker erscheint das momentane Leben die einzige Wirklichkeit zu sein. Für die Wissenden oder sich Erinnernden unter ihnen jedoch sind auch frühere Leben in zurückliegenden Zeiten Realitäten. Aber es gibt auch Religionen auf der Erde, die die Reinkarnation in ihren Glauben integriert haben. Hierzu gehören der Buddhismus, der Hinduismus, das Urchristentum sowie viele Glaubensvorstellungen bei den Naturvölkern.

Beweise für die Tatsächlichkeit der Reinkarnation

Viele Menschen begegnen einer ihnen unbekannten Person, und doch kommt diese ihnen eigentümlicherweise sehr vertraut vor, so daß sie sich diese innere Verbundenheit nur damit zu erklären vermögen, jene Person in einem vergangenen Leben gekannt zu haben. Häufig haben Leute ein sogenanntes »Déjà-vu-Erlebnis«. Sie befinden sich zum ersten Mal an einem Ort und wissen mit unerklärbarer Bestimmtheit, daß sie hier schon einmal gewesen sein müssen. Sie wissen schon, bevor sie um die Ecke biegen, wie die dort befindlichen Gebäude aussehen. Auch diese Menschen sind geneigt, als Erklärungsmöglichkeit dieses Phänomens die Existenz früherer Leben in Erwägung zu ziehen. Solcherlei Vermutungen können nicht als »Beweise« für das Phänomen der Reinkarnation in Anspruch genommen werden.[1] Doch welche triftigen Beweise stehen uns zur Verfügung, um die Reinkarnation als eine Tatsache ausgeben zu können?

Es gibt Leute, die sich an ihre früheren Leben erinnern können, wie wir uns an Kindheits- oder Jugenderlebnisse erinnern. Von Pythagoras wissen wir, daß er sich zehn seiner früheren Leben bewußt war. Goethe konnte sich an ein Leben im alten Rom zur Zeit Kaiser Hadrians zurückerinnern. Bei einigen ist die Rückerinnerung so lebhaft und »gegenwärtig« geblieben, daß sie darüber in allen Einzelheiten geschrieben haben, allen voran die Engländerin *Joan Grant*, die sich an vierzig ihrer ehemaligen Erdenleben erinnern kann, wovon sie drei im alten Ägypten verbracht hat. Ihre Erinnerungen sind derart präzise, daß sogar Ägyptologen und Archäologen sie, die sich in diesem Leben nie eingehend mit Ägypten beschäftigte, gelegentlich bitten, ihnen über Schrift, Aussprache, Symbole, Gebräuche, Religion dieser alten Kultur Auskunft zu erteilen.

Von Kindern wissen wir, daß sie sich oft noch an Ereignisse und sogar Namen aus früheren Leben erinnern. Am bekanntesten dürfte der Fall der Inderin *Shanti Devi* sein, die als junges Mädchen zu jener entfernten Stadt gebracht worden ist, in der sie früher gelebt zu haben behauptete. Dort angekommen, beschrieb sie nicht nur die inzwischen vorgenommenen Veränderungen im Ort, sondern konnte auch die Namen der ehemaligen Familienmitglieder nennen und ihre persönlichen Eigenschaften beschreiben.

In Amerika sind zwei Professoren – *Jan Stevenson* und *H. Banerjee* – beheimatet, die vielen der bei ihnen eingetroffenen Berichte aus aller Welt nachgehen, in denen behauptet wird, daß Kinder vorgeben, sich an frühere Leben zu erinnern. Stevenson konnte anhand der Geburtsmale eines Türkenjungen nachweisen, daß diese exakt an den Körperstellen eines verstorbenen Verbrechers zu finden waren, der an Schußverletzungen gestorben war. Der Junge hatte angegeben, in einem früheren Leben dieser Verbrecher gewesen zu sein. Hin und wieder hat man bestätigen können, daß Kinder im Schlaf oder in Hypnose in fremden und oft alten, doch Wissenschaftlern verständlichen Sprachen fließend gesprochen haben. Aufgrund exakter Angaben, die in Hypnose Zurückgeführte machten, hat man deren Beweisführung zu erstellen versucht. Berühmt geworden ist der Fall *Bridy Murphy*. Die Aussagen der in Trance befindlichen Amerikanerin über ihr früheres Leben in Irland als Bridy Murphy konnte von einem Reporter bis in Einzelheiten nachgeforscht und nahezu vollständig als richtig bestätigt werden.[2]

Professor *Joel L. Whitton* von der Universität Toronto führt mittels Hypnose Ehepaare in ihre vergangenen Leben zurück. Ausgehend von der immer wieder bestätigt gefundenen Hypothese, daß Ehepaare mit höchster Wahrscheinlichkeit auch schon in früheren Leben in irgendeiner Weise nahe miteinander verbunden waren, konnte er in getrennt geführten Sitzungen tatsächlich die Richtigkeit dieser von Esoterikern vorgebrachten Behauptung bestätigen.

Selbst in Rückführungsseminaren kann man erleben, daß sich Ehepaare gleichzeitig in einem früheren Leben wiedererkennen, in dem – um einen Fall aus meinen Seminaren zu zitieren – der Mann vormals Sohn seiner jetzigen Frau gewesen war. Die Frau erlebte sich indessen als Mutter ihres jetzigen Mannes, und zwar zur selben Zeit und am selben von ihm beschriebenen Ort.

Dieses Handbuch für Rückführungen in frühere Leben unterbreitet dem Leser die Möglichkeit, sich »seine« eigenen Beweise durch Gruppen-, Einzel- oder Selbstrückführungen zu verschaffen, sei es als Rückführungsleiter oder als Zurückgeführter. Nicht jedem gelingt es, sich selbst zurückzuführen oder zurückführen zu lassen. Aber nahezu jeder kann andere Menschen – durchschnittlich siebzig Prozent von ihnen – zurückführen. Dieses Buch soll den Leser in die Praxis der Rückführungstechnik einführen. Es beginnt mit der Gruppenrückführung und führt dann erst über die Einzel- zur Selbstrückführung. Der Grund liegt darin, daß derjenige, der sich selbst zurückführt, sein eigener Rückführungsleiter sein muß. Er ist sich selbst überlassen und benötigt für sich im wesentlichen das Wissen, das ein Gruppen- oder Einzelrückführer braucht. Wer also dieses Buch mit der Absicht liest, ohne vorherige Gruppen- oder Einzelrückführung gleich mit Selbstrückführung anzufangen, sollte auf keinen Fall die ersten Kapitel überspringen.

Vom Nutzen und Wert der Rückführungen

Wenn es nur darum ginge, sich durch Rückführungen den Beweis der Realität von früheren Leben zu erschließen, könnten zwei, drei Regressionen ausreichen, um diesbezüglich zufriedengestellt zu sein. Jeder, der sich eingehend mit der Reinkarnation befaßt und diese für sich durch Rückführungen bestätigen konnte, wird bei sich eine allmähliche Bewußtseinsveränderung von weitragender Bedeutung wahrnehmen, besonders dann, wenn es ihm gelingen sollte, sich mit seinem allwissenden Höheren Selbst in Verbindung zu setzen. Diese Bewußtseinserweiterung manifestiert sich unter anderem in folgenden sieben Punkten:

1. Man erfährt, daß man keine Angst vor einem »endgültigen« Tod zu haben braucht, denn man wird wiedergeboren, es sei denn, daß man sich so weit in seiner Liebewerdung entwickelt hat, daß man keines wiederholten Erdenlebens mehr benötigt.

2. Aus dem Erkennen des karmischen Gesetzes (was ich anderen tue, soll an mir getan werden) wird man die Gerechtigkeit eines jeden Schicksals und besonders auch seines eigenen Schicksals einsehen. Darum akzeptiert man unveränderliche Gegebenheiten und versucht, das Beste ohne Murren daraus zu machen, während man die unliebsamen, veränderbaren Gegebenheiten mit Entschlossenheit zu verändern sucht.

3. Wir erkennen, daß wir das Produkt unserer Vergangenheiten sind. Früher geschehene negative Programmierungen können wir reprogrammieren, um seelisch wieder heil zu sein. Somit ist es uns gegeben, uns von allen unseren »Problemen« - wie Ängsten, Phobien, Allergien, psychosomatischen Krankheiten, Verhaltensstörungen und anderen störenden Eigenheiten und Verhaltensmustern - zu befreien, um ganz das zu sein und zu werden, was wir von der Konzeption her eigentlich sind und wieder unvermindert sein sollen: Teil der Liebe strahlenden Göttlichkeit.

4. Für alle eigenen Probleme sucht man nicht mehr die Schuld bei anderen Menschen oder in Umständen und Gegebenheiten, sondern allein bei sich. Wer darüber hinaus mit dem Höheren Selbst über die Schuld sprechen

konnte, wird auch nicht mehr mit Schuldkomplexen belastet sein.

5. Man entwickelt eine alles verstehen wollende Toleranz allen Menschen gegenüber. Diskriminierungen unter anderem von andersfarbigen oder mißgestalteten Menschen, von Frauen, von Religionen, von Homosexuellen oder von egozentrischen Menschen sind nicht mehr möglich, hatte man sich doch in Rückführungen ebenfalls vielleicht als Schwarzer, als Frau, als Moslem, als Homosexueller oder als einen Gewalttätigen gesehen, um zu erkennen, daß eine Verurteilung solcherlei Menschen einer Verurteilung seiner selbst gleichkäme.

6. Das Leben wird man als eine Schule auffassen, in der man in einer ganz bestimmten Klasse die für sich gemäßen Aufgaben erlernt. Alles, was wir erleben, dient uns als Lernstoff, um seelisch weiterzuwachsen, bis wir ganz oder beinahe ganz Liebe geworden sind, bevor wir uns auf höheren Schwingungsebenen weiteres Wissen an jenseitigen, höherschwingenden »Universitäten« erwerben dürfen.

7. Es gelingt, das Leben aus der Distanz zu sehen. Die Dinge des Lebens wiegen somit leichter. Und weiß man, daß alles einen Sinn hat – wie schwer auch das Schicksal zufassen mag –, und erkennt man zudem, daß jedes persönliche Schicksal das bestmögliche für einen selbst ist, um mit den augenblicklichen Voraussetzungen am meisten lernen zu können, dann wird das Leben zur »reinen« Freude, so daß man demütig und dankbar wird, dankbar für sein eigenes Dasein wie auch dankbar für alles Dasein.

Der Suchende, der sich mit Rückführungen befaßt und schließlich mit seinem Höheren Selbst im Dialog steht (was natürlich auch in Meditation möglich ist), macht sich nicht nur auf den Weg, sich selbst zu entdecken, sondern das ganze Dasein. Rückführungen bescheren dem erfolgreichen Praktiker eine kolossale Bewußtseinserweiterung, wie sie ihm Lehrbücher – und seien es die weisesten – nie vermitteln könnten.

Ziel dieses Handbuches ist es, dem Leser die Möglichkeit zu geben, in dem spannendsten und weisesten Buch der Welt zu lesen – nämlich in dem eigenen Buch seiner vielen Leben und höheren Verbindungen.

Noch ein Hinweis sei hier angebracht: Dieses Buch geht nicht auf die Rückführungstherapie ein, da ich diese in einem späteren Buch behandeln möchte. Die Rückführungstherapie zur Lösung von Problemen, Ängsten und Phobien sollte nur mit einem erfahrenen Therapeuten durchgeführt werden. Es sei denn, man ist spirituell weit gereift und in Rückführungen erfahren, so daß man sich auch an die Eigentherapie heranwagen kann.

Mein eigener Weg
zum Lehrer für Rückführungen

Während meiner zweieinhalbjährigen Trampreise per Rucksack und Regenschirm durch Afrika gelangte ich 1975 nach Nigeria. Auf der Suche nach Mystischem und Magischem erhielt ich die Adresse eines Ibo-Medizinmannes im Südosten des Landes. Als ich in seinem Dorf, zwischen Dschungel und Feldern gelegen, ankam, lud er mich ein, sein Gast zu sein. Jene beiden Wochen bei Silas, einem ehemaligen Schullehrer, waren überaus lehrreich für mich, zumal er bereit war, mir alles Unerklärliche oder Wissenswerte in seinem gut verständlichen Englisch zu erklären. Eine seiner vier Ehefrauen war Trancemedium und für ihn ein Kanal nach »drüben«, während er selbst die Stimmen seiner sieben Schutzgeister zum Erklingen bringen konnte. Mir fiel immer wieder auf, daß seine Mutter und seine Schwestern ihn »Vater« nannten. Ich fragte nach dem Grund dafür, und er entgegnete, daß er, seine Mutter und seine Schwestern sich an ein gemeinsames früheres Leben erinnern könnten, in dem er der Vater gewesen war.

Diese Antwort erregte in mir größtes Erstaunen. Natürlich wußte ich, daß die Buddhisten und Hindus daran glaubten, schon früher in irgendeiner Gestalt auf Erden gelebt zu haben, aber ich hätte nie vermutet, auch in Afrika einen Glauben an vorausgegangene Leben vorzufinden. Ich fragte Silas, ob er andere Leute kenne, die sich an frühere Inkarnationen erinnern könnten. Ja, antwortete er, es gebe viele Leute in seiner Gegend, die sich sehr gut an mehrere Leben zurückerinnerten, und der Glaube an die Reinkarnation sei bei seinem Volk weit verbreitet.

Als Weißer einer »zivilisierten« und zweifellos vernunftbetonten Rasse mußte ich lernen, daß das Wissen um die Wahrheit bevorzugt dort beheimatet ist, wo sie noch nicht vom kurzsichtigen dreidimensionalen Intellekt verbannt und verleumdet worden ist. Wir »cleveren« Europäer stehen vor der Wand des neblig Undurchsichtigen – und ignorieren die Tatsache, daß dahinter eine andere Welt verborgen sein könnte. Der Afrikaner jedoch geht durch diese Wand hindurch, weilt oft in ihr und betrachtet beide Welten, während wir zumeist nur die eine kennen und sie als einzig existierende wahrhaben wollen.

Seit jenem Erlebnis steigerte sich mein Interesse für das Phänomen der wiederholten Erdenleben. Ich las viele Bücher über dieses Thema, und – nach Deutschland zurückgekehrt – breitete sich meine esoterische Bibliothek bald über einige Regale aus. Theoretisch verfügte ich bald über ein breites esoterisches Wissen, aber mir fehlten eigene Erfahrungen und Erlebnisse.

Helen Wambach führt mich in eines meiner früheren Leben zurück

Im Sommer 1981 hatte ich in Oakland, Kalifornien, als Gast bei einem Hypnose-Seminar die Gelegenheit, die Anwesenden gemeinsam in ihre jeweiligen früheren Leben zurückzuführen. Das Resultat für meine erste Gruppenrückführung war erstaunlich und ermutigte mich, auf diesem Gebiet weitere Erfahrungen zu sammeln. Doch den Aufenthalt in Kalifornien nutzte ich, telefonisch mit der berühmtesten Gruppenrückführerin Amerikas, *Helen Wambach*, einen Termin für eine Einzelrückführung zu vereinbaren. Die Professorin für Psychologie an der Universität von Berkeley war mir durch ihre beiden Bücher bestens bekannt, hatte sie doch anhand von Tausenden Fragebögen, welche die aus einer Rückführung Zurückgekehrten unmittelbar nach einer Sitzung auszufüllen hatten, den Nachweis liefern können, daß das in Rückführungen Nachvollzogene zumeist auf wirkliche Erlebnisse in früheren Leben zurückzuführen ist.

Unweit von Oakland empfing mich die berühmte Wissenschaftlerin. Bei ihrer Sekretärin entrichtete ich den Betrag von hundert Dollar und wurde in ein großes Zimmer geleitet, wo ich mich auf eine Matte legen mußte. Nachdem Frau Wambach mir ihre Vorgehensweise erklärt hatte, versetzte sie mich in den Alpha-Zustand. Obwohl ich keine große Veränderung in meinem Bewußtseinszustand bemerkte – ich hörte noch die Geräusche der am Haus vorbeifahrenden Autos –, erlebte ich mich als eine etwa Zwanzigjährige, die aus einem großen Fenster eines ärmlichen Schlosses auf den Park schaute und Sehnsucht nach der Ferne empfand. Frau Wambach fragte mich, in welchem Jahr ich lebte. Ich nannte ein Jahr zu Beginn des 13. Jahrhunderts. Das Land war Frankreich. Ich sah mich alsbald am Mittagstisch. Mir gegenüber an der kurzen Tafel saß meine Mutter, die mich haßte und die ich fürchtete. Vielleicht war sie auch nur meine Stiefmutter. Mir zur rechten Seite saß mein Onkel, dessen Tischmanieren mich anekelten. Neben ihm, am Kopfende des Tisches, hatte mein Vater Platz genommen. Ihn liebte ich. Er war mein einziger Trost in meiner inneren Verlassenheit. All diese Bilder sah ich in Farbe plastisch vor mir, erlebte mich selbst aus mir heraus, so daß ich nicht beschreiben konnte, wie ich aussah. Zum ersten Mal durfte ich selbst etwas aus meinen früheren Leben sehen und fühlen, ohne zu wissen, daß ich später noch Tausenden solche Erlebnisse ihrer eigenen Vergangenheit vermitteln sollte.

Frau Wambach lud mich anschließend zum Essen ein. Sie erzählte mir über ihr neues Forschungsprojekt, zukünftige (!) Leben im Alpha-Zustand bei Studenten erforschen zu wollen. Berichte über achtzig zukünftige Leben hatte sie schon aus verschiedenen Ländern sammeln können. Sie berichtete weiterhin, daß sie tags zuvor aus New York zurückgekehrt sei, wo sie auf Bitte eines Ärzteteams in einer Klinik Sterbende in ihr jeweiliges letztes Leben zurückgeführt hatte. Sie hatte die Patienten ihren früheren Tod und das, was dabei und anschließend passiert war, wieder erleben lassen. Diese Rückführungen waren ein voller Erfolg, weil den Sterbenden die Angst vor ihrem bevorstehenden Tod genommen wurde, indem man sie mit ihrem letzten irdischen Hinübergleiten aus dem vorangegangenen Leben konfrontierte und ihnen somit die Gewißheit verschaffte, daß der Tod kein endgültiges Ende bedeute. Vielmehr ist es eine Geburt in ein neues Leben, in jenes Zwischenleben, in dem wir uns von den Strapazen unseres irdischen Lebens ausruhen, aus den gemachten Fehlern rückblickend lernen und uns für einen erneuten Besuch in dem »Schulhaus« Erde vorbereiten.

Ich bin Frau Wambach sehr zu Dank verpflichtet, weil sie mir dieses erste Erlebnis meiner früheren Leben vermittelt hat, denn ohne ein solches Eigenerlebnis fehlt einem Rückführer und Regressionslehrer die Gewißheit, daß die Reinkarnation ein Faktum ist.

Meine eigenen Erfahrungen mit dem autogenen Training

Die Methode des autogenen Trainings hat – sicherlich beeinflußt durch *Emil Coué* und andere – Professor *Johann Heinrich Schultz* in aller Breite in seinem Lehrbuch *Das autogene Training* entwickelt. Sein eifrigster Schüler Dr. *Klaus Thomas* hat verschiedene praktische Handbücher darüber verfaßt, und heute gibt es eine ganze Reihe von Anleitungen der verschiedensten Autoren, so daß Interessierten eine größere Auswahl an Literatur zu diesem Thema zur Verfügung steht.

Das autogene Training ist eine Methode, mit deren Hilfe man sich positiv programmieren kann. Durch gezielt eingegebene Suggestionen ist es möglich, sein psychisches aber auch physisches Wohlbefinden positiv zu beeinflussen, so daß zum Beispiel Depressionen und Krankheiten aller Arten gebessert oder gar behoben werden können. Die Macht der Suggestion ist stärker als die des Willens. Die richtige Programmierung samt der Überzeugungskraft des Patienten ist eine Garantie für den segensreichen Erfolg. Dieser Segen ist mir in mehrfacher Weise zuteil geworden. Nachdem ich gelernt hatte, mich immer leichter und schneller in den Alpha-Zustand zu versetzen, konnte ich je nach Bedarf mein Unterbewußtsein programmieren, zum Beispiel: *Ich fühle mich heute sehr gut. Ich bin ausgeglichen. Ich bin voller Freude und Liebe ... Alles wird mir heute gut gelingen. ...* (vor einer mündlichen Prüfung:) *Ich gehe heute ganz gelassen in die Prüfung. Ich kann mich sehr gut konzentrieren ...* (wenn man nicht einschlafen kann:) *Ich werde immer müder. Ich werde gleich tief schlafen ...* (bei Zahnschmerzen:) *Die Nerven im Zahn beruhigen sich, beruhigen sich ...*

Jede Suggestion wird einige Male wiederholt. Der Erfolg stellt sich oft sehr schnell ein. Mit dieser Methode habe ich unter anderem meine Hämorrhoiden, meine Magengeschwüre und das Anschwellen meiner Lymphknoten im Hals erfolgreich behandeln können.

Man kann sich also, ohne auf Drogen zurückzugreifen, ein Glücksempfinden und Wohlbefinden suggerieren. Sobald die erteilte »Portion« Suggestion an Wirkungskraft verliert, erneuert man sie. Je öfter man sie anfangs anwendet, desto intensiver wird die Einwirkung und desto weniger wird man in der Folge diese noch einsetzen müssen.

Die Suggestion zum allgemeinen Wohlbefinden wende ich während der Rückführung mehrere Male an, vor allem sollten sie eingesetzt werden, bevor der Zurückgeführte die Augen wieder öffnet, damit eventuell negativ Erlebtes keine Nachwirkungen zeigt.

Wir alle haben es in der Hand, glückliche, zufriedene, in Harmonie befindliche, erfolgreiche, positiv denkende, liebevolle, aber auch seelisch und zumeist körperlich gesunde Menschen zu sein. Wir müssen nur den Mut finden, uns selbst an die Hand zu nehmen wie ein kleines Kind.

Abgrenzung und Herstellung des Alpha-Zustandes

Der Alpha-Zustand ist jener, in welchem sich der Mensch zwischen tiefem Schlaf und vollkommenem Wachsein befindet. Den Wachzustand bezeichnet man als den Beta-Zustand, jenen des Tiefschlafes als Theta-Zustand. Der Delta-Zustand wird vom Theta-Zustand und dem Tod eingegrenzt. Man erreicht diesen Zustand im Koma oder auch in jenem Bereich, in dem sich die klinisch Toten befinden. All diese Zustände können mit elektrischen Geräten gemessen werden. Man teilt die Meßwerte der Gehirnwellenmuster in Hertz-Frequenzen ein, wobei die jeweilige Zuordnung, wo nun zum Beispiel der Alpha-Zustand wirklich anfängt oder aufhört, noch nicht eindeutig geklärt ist, so daß man in der Literatur auf geringfügige Abweichungen stößt. Der Physiker Prof. Ernst Senkowski[3] nimmt folgende Hertz-Einteilung vor (das in kursiver Schrift Hinzugefügte stammt von mir):

Beta	40–13 Hertz	Tätiges Wachbewußtsein
		WACHZUSTAND
		(vom Panikzustand bis zum Er-schlaffungszustand)
Alpha	13–8 Hertz	Meditativ-Entspannt
		ENTSPANNUNGSZUSTAND
		(vom Erschlaffungszustand bis zum Einschlafen)
Theta	7–4 Hertz	Tiefschlaf
		SCHLAFZUSTAND
		(vom Schlaf bis zum Tiefschlaf)
Delta	3,5–0,5 Hertz	Samadhi
		KOMATÖSER ZUSTAND
		(vom Tiefschlaf bis zum klinischen Tod)

Daß man zwischen Schlaf und Wachen, also im Alpha-Zustand, besonders empfänglich ist für mediale Kundgaben, weiß man seit ewigen Zeiten. Goethe behauptete, seine Dichtungen in einem traumwandlerischen Zustand geschrieben zu haben. In einem solchen Zustand ist Vernunft weitgehend oder ganz zurückgedrängt, so daß sich die Intuition voll entfalten kann. Die Eingebungen aus fremden (Geistwesen) oder eigenen (Höheres Selbst, innere Stimme) Quellen oder das Hochsteigen von Dingen, die im Unterbewußtsein schlummern, können sich nun ungestört unserem Bewußtsein mitteilen. Man befindet sich in Halbtrance, in der man geschehen läßt, was geschehen will. Das eigene kontrollierende Denken und Wollen ergibt sich einem Beschenktwerden und Zulassen. Oder – mit anderen Worten ausgedrückt: Der Kapitän übergibt einem Lotsen das Ruder, während er ihm regungslos zuschaut und ihn vertrauensvoll, gleichgültig oder apathisch gewähren läßt. Dieser Zustand wird von Meditationsschülern angestrebt, in der Hoffnung, durch inneres Schauen oder offenbarende Mitteilungen auf ihrem Weg zur Erkenntnis und zur inneren Harmonie weiterzugelangen, von allem Wohltuenden und Besinnung gewährenden Einhalten des sich im physischen Alltag immer drehenden Lebensrades einmal ganz abgesehen.

Diesen Alpha-Zustand zwischen Wachen und Schlafen hat man im 20. Jahrhundert als vorzüglich geeignet entdeckt, um dem Unterbewußtsein – kontrolliert vom vielleicht blockierenden, weil langsamer reagierenden und mit reaktionären Verhaltensmustern ausgestatteten Verstand – Lerninhalte und andere Instruktionen einzuflößen. Die Silva-Mind-Control-Technik basiert auf der begünstigenden Einflußnahme des Menschen im Alpha-Zustand, wie ja auch das autogene Training diesen Zustand zuerst herbeiführt, um dann auf das physische und psychische Wohlbefinden positiv einzuwirken.

Versetzt man den Menschen jedoch in den im Theta-Bereich angesiedelten vollen hypnotischen oder Tieftrance-Zustand, kann man hinsichtlich der Einspeicherung in das Unterbewußtsein noch größere Erfolge erzielen. Sowjetische Wissenschaftler behaupten, mit dieser Methode schon Jugendlichen das Wissen von Professoren vermittelt zu haben.

Von der Entdeckung der Rückführung bis zum heutigen Stand der Entwicklung

Das Jahr 1862 könnte man als die *Geburtsstunde der Rückführungen* in frühere Leben bezeichnen. Denn in diesem Jahr versetzte *Prinz Galizin* eine deutsche Hausfrau mit der mesmerischen Methode (Bestreichung mit den Händen über die Aura) in Tieftrance, in der sie mit ihm sprechen konnte und über ihr Leben als Französin aus dem 18. Jahrhundert berichtete. Sie sprach einen normannischen Dialekt und gab auf Befragen Einzelheiten über ihre Herkunft an, deren Angaben von dem Versuchsleiter bei einer Reise in die Normandie als richtig nachgewiesen werden konnten. Vor der Jahrhundertwende hatte der französische Forscher *de Rochas* auf diesem Gebiet ganz neue Erkenntnisse gewonnen (auch über »zukünftige Leben«[4]). Ärzte und andere Forscher beschäftigten sich zunehmend ab den dreißiger Jahren des 20. Jahrhunderts mit hypnotischen Rückführungen, wobei die Ergebnisse von *Dr. Bloxham* aus Wales die bekanntesten sein dürften.

Als in den sechziger Jahren die hypnotischen Rückführungstherapien in den Vereinigten Staaten erneut das Phänomen der früheren Leben als erfolgreiche Erfahrungsgrundlage bestätigten oder zumindest nahelegten, wurden viele Psychologen, Ärzte, Therapeuten, aber auch Laien dazu ermutigt, Patienten und Interessenten in frühere Leben zurückzuführen. In den achtziger Jahren war es mittlerweile schon so weit gekommen, daß es für einen esoterisch Interessierten zur Selbstverständlichkeit gehörte, sich in Gruppenseminaren oder Einzelsitzungen wenigstens »probeweise« zurückführen zu lassen. Die Vereinigten Staaten sind auch auf dem Gebiet der Rückführungen – in Amerika spricht man von »regression in past (former, previous) lifes«, also Regressionen in frühere Leben – wie in so vielen anderen esoterischen Neuausrichtungen führend, während wir in Deutschland meist immer mehrere Schritte hinterherhinken. Doch das Aufholen hat begonnen. Außer mir gibt es in den deutschsprachigen Ländern einige Gruppen- und Einzelrückführungsleiter und -therapeuten, von denen ich schon einige ausbilden durfte. Auch bei uns werden in den nächsten zwanzig Jahren Hunderttausende ihre früheren Leben zu erkunden suchen, nicht nur, um Neugier zu befriedigen oder einem esoterischen Trend zu huldigen, sondern um die Harmonie mit den unbewußt auf sie einwirkenden Nachwirkungen früherer Einprägungen bewußt herzustellen.[5]

Um aber seine früheren Leben wieder zu erleben, ist es nicht unbedingt nötig, sich mittels Hypnose in den Theta-Zustand versetzen zu lassen. Denn der Alpha-Zustand ist meist dafür schon völlig ausreichend. Dieser kann auf verschiedenste Arten hergestellt werden, sei es durch Meditations- und Suggestionstechniken, durch Drogen, durch Akupunktur (*Chris Griscom*), durch das Sich-Versetzen in einen Halbschlaf oder in eine Halbtrance, durch Hyperventilation oder auch durch das autogene Training. Ich habe mit letzterer Methode – wie oben beschrieben – beste Erfolge für mich und bei anderen erzielen können und habe sie durch viele Rückführungserfahrungen so weit ausformen können, daß ich sie nun an alle, die sich mit Rückführung befassen wollen, gern weitergebe.

Die Hypnose als »Schreckgespenst«

Viele schrecken vor dem Wort »Hypnose« zurück. Sie wollen sich nicht hypnotisieren lassen, aus Angst, wider ihren Willen manipuliert zu werden. Im Grunde schützt sich das im Unterbewußtsein noch sein »Wesen Treibende« durch eine solche Angst, denn würde es ans Tageslicht gezerrt und bewußt gemacht werden, würde es verblassen und verlöschen müssen. Das im Unterbewußtsein als Energieballung Angestaute »kämpft« um sein Überleben. Es ist wie ein unentwickelter Film gegen Tageslicht, sprich Bewußtwerdung, empfindlich. Wir erleben es immer wieder bei der Rückführungstherapie, daß aus dem Unterbewußtsein ins Licht gebrachte frühere, mit Schmerzen oder Schrecken verbundene Einkerbungen, welche die eigentlichen Unruhestifter sind, plötzlich ihre schädliche Macht verlieren. Auf diesem Gebiet leistet die Rückführungstherapie Erstaunliches. Hier sei nur darauf hingewiesen, daß man die Hypnose nur mit Zustimmung des Patienten von Fall zu Fall in Einzelrückführungen verwenden sollte, sonst aber von der Entspannungsmethode Gebrauch macht, womit das Wort »Hypnose« von vornherein als Schreckgespenst erst gar nicht auftreten kann. In allen Ankündigungen von Gruppenrückführungen sollte man also extra erwähnen, daß die Rückführung nicht mittels Hypnose erreicht wird.

Die Count-Down-Entspannungsmethode

Die aus dem autogenen Training entwickelte Count-Down-Entspannungsmethode – im folgenden oft *CDE-Methode* genannt – eignet sich vorzüglich für das Hinabführen in den Alpha-Zustand und gibt dem Zurückgeführten die Gewißheit, daß er selbst Schritt für Schritt seine Körperglieder stillegt und daß niemand gegen seinen Willen eingreift. Ohne die eigene Bereitschaft, freiwillig mitmachen zu wollen, kann nichts geschehen.

Wie beim autogenen Training zählt der Zurückführende – sei er ein Rückführungsleiter (RFL) in Gruppen- oder Einzelrückführungen oder ein Selbstrückführer – von 20 bis 1. Warum überhaupt ein Hinabzählen *(Count-Down)* und nicht ein Hinaufzählen? Dies hat einen psychologischen und analogen Grund, denn wir wollen ja in unser Unterbewußtsein hinabtauchen. Wir wollen loslassen von unserem Tages-Bewußtsein mit allen damit verbundenen Aktivitäten. Wir ziehen uns zurück in einen Entspannungszustand.

Wir steigen in ein Tal der Ruhe. So ist es auch während des Count-Downs angebracht, zu suggerieren, daß sich der Körper mehr und mehr entspannt und lockert.

Von der Bedeutung der beiden Gehirnhälften

Warum benutzt man überhaupt Zahlen und gibt nicht andere den Alpha-Zustand herbeiführende Suggestionen ein?

Die Wissenschaft hat durch Ergebnisse aus der Gehirnforschung festgestellt, daß unser Gehirn aus zwei Hälften mit jeweils verschiedener Funktion besteht. So ist die *linke Gehirnhälfte* (zuständig für die rechte Körperhälfte) jene, die sich mit rationalem Denken befaßt, die alles zu lieben scheint, was einsichtig, vernünftig, erklär- und meßbar und darum verständlich ist, da es von den fünf Sinnen bestätigt und somit akzeptiert werden kann.

In der *rechten Gehirnhälfte* (zuständig für die linke Körperhälfte – also die Herz-Seite des Menschen) aktiviert sich das Gefühlsmäßige, Intuitive und Unterbewußte im Menschen. Die rechte Gehirnhälfte repräsentiert die weibliche Komponente (Yin) und die linke Gehirnhälfte die männliche Komponente (Yang). Wir »Vernunfts«-Menschen sind und werden im Unterschied zu den meisten Bewohnern der Dritten Welt von der linken Gehirnhälfte regiert.

Will man nun den Alpha-Zustand erreichen, gilt es die linke Gehirnhälfte als die alles »checkende« Kontrollinstanz auszuschalten, weil sie es nicht zulassen würde, daß die rechte Gehirnhälfte nun auf einmal das »Sagen« hat. Da sich die linke Gehirnhälfte gern mit Rechnen, Berechnen, Zusammenzählen beschäftigt – also Zahlen besonders liebt –, gilt es bei dem Rückwärtszählen, diese Gehirnhälfte mit den Zahlen zu beschäftigen, die man sich geistig vorstellt oder auf ein vorgestelltes leeres Blatt Papier im Geiste aufzeichnet und betrachtet. Nur wenn die linke Gehirnhälfte so abgelenkt ist, kann sich die rechte Gehirnhälfte ungestört entfalten, da sie nun nicht mehr in ihren »dunklen« Bereich zurückverwiesen wird. Befinden wir uns also im Alpha-Zustand, können die Erinnerungen an frühere Leben wie auf einer Leiter hochsteigen und uns wieder bewußt werden. Die Zahlen dienen also zur Fixierung und Beschäftigung der linken Gehirnhälfte.

Warum nimmt man die Zahlen von 20 bis 1 und nicht zum Beispiel von 30 oder 50 bis 1? Aus der Praxis des autogenen Trainings hat sich ergeben, daß die Zeit, die man braucht, um langsam von 20 bis 1 zu zählen, im allgemeinen ausreicht, um in den Alpha-Zustand zu gelangen. Da man mit der Häufigkeit eines Sich-Versetzens oder Versetztwerdens auch immer schneller diesen Zustand erreicht, kann man mit der Zeit das Rückwärtszählen verkürzen, also von 10 bis 1 oder gar von 5 bis 1 zählen. Ich selbst brauche das Zählen gar nicht mehr, sondern begebe mich allein mit Entspannungssuggestionen in relativ kurzer Zeit in den Alpha-Zustand. Anfänger sollten aber unbedingt von 20 bis 1 zählen. Die Dauer des Count-Downs und der Suggestionen beträgt etwa 20 Minuten.

Die Abschaltung von Störfaktoren

Voraussetzung für eine Versetzung in den Alpha-Zustand ist es, daß man die äußeren und inneren Störfaktoren ausschalten kann.

Zu den *äußeren Störfaktoren* gehören Lärmbelästigungen aller Art (Kühlschrank-Brummen, Kindergeschrei, vorbeifahrende Autos und so weiter). Man sollte darauf achten, daß man während der Rückführung nicht von Klingel oder Telefon überrascht werden kann. Denn solch plötzliche Interventionen holen einen meist unweigerlich aus dem Alpha-Zustand wieder heraus.

Für viele Menschen ist Licht ein Störfaktor beim Meditieren und also auch bei einer Rückführung. Auch Düfte und andere Gerüche können irritierende oder die Nasenschleimhäute reizende Effekte haben. Jedes überraschende Berührtwerden (sei es von Mensch oder Tier) wird unweigerlich einen im Alpha-Zustand Befindlichen zurückholen, es sei denn, er hat eine sehr tiefe Phase erreicht.

Für eine Rückführung sollte man einen ruhigen und etwas abgedunkelten Raum (nur Geübte, die kleine Geräuschirritationen zu integrieren wissen, können auch in der Natur den Alpha-Zustand erreichen) wählen und sicherstellen, daß man nicht gestört werden kann.

Am besten setzt oder legt man sich bequem hin. Alles, was drücken könnte (wie Gürtel oder Schuhe), sollte man ausziehen. Die Unterlage oder Rückenstütze darf nicht irritieren. Man muß darauf achten, daß alle Muskeln entspannt sind. Ob Sie bei der Rückführung lieber sitzen oder liegen, müssen Sie selbst entscheiden. Wenn Sie im Liegen schnell einschlafen, sollten sie sich besser bequem hinsetzen, bevor Sie sich in den Alpha-Zustand versetzen. Viele verbinden ein Sich-Hinlegen aus Gewohnheit mit dem unbewußten Befehl einzuschlafen. Aus meinen Seminaren weiß ich, daß sich bei Gruppenrückführungen der Durchschnittserfolg um fünf Prozent erhöht, wenn man sich bequem (!) hinsetzen konnte. Jeder wird mit der Zeit herausfinden, was für ihn die ideale Position ist.

Die *inneren Störfaktoren* sind innere Unruhe, fehlende Konzentration und ablenkende Gedanken. Wenn ich durch Streß oder gedankliche oder emotionale Anspannungen (zum Beispiel vor Prüfungen, Gerichtsterminen, vor Zahnarztbesuchen) in innere Unruhe geraten bin, fällt es mir schwer, mich zu sammeln.

Wir müssen während dieser Herbeiführung des Alpha-Zustandes alle irritierenden Gedanken an den Alltag ausschalten. Die besten Erfolge können nur erzielt werden, wenn man innerlich ruhig, gefaßt und gelassen ist.

Wichtig ist, daß man sich vollkommen auf alle Suggestionen konzentriert. Es versteht sich von selbst, daß man keine Rückführung anstrebt, wenn man von vornherein schon müde ist. Denn die Gefahr des Einschlafens bei Übermüdung – und damit die Vergeblichkeit allen Bemühens – ist sehr groß. Darum ist zu empfehlen, daß man ausgeschlafen und ausgeruht ist.

Die Technik der Versetzung in den Alpha-Zustand

In diesem Buch werde ich drei komplette Rückführungen wiedergeben. Bei der *Gruppenrückführung* stelle ich die Methode für Anfänger dar und zähle von 20 bis 1. Bei der *Einzelrückführung* zeige ich die Einleitung des Alpha-Zustandes für Fortgeschrittene auf (von 10 bis 1). Bei der *Selbstrückführung* beschreibe ich, wie man nur von 5 bis 1 zählt oder gar ohne zu zählen in den Alpha-Bereich kommt. Jeder Anfänger, ganz egal ob er sich in Gruppen- oder Einzelrückführungen befindet oder selbst eine Rückführung vornimmt, sollte mit der Zählung von 20 abwärts beginnen.

Das Zählen von 20 bis 1

Nachdem alle Voraussetzungen klargestellt und die äußeren Störfaktoren ausgeschaltet sind, schließt man bei der Zahl 20 seine Augen und stellt sich diese Zahl wie im weiteren Verlauf des Count-Downs alle folgenden Zahlen im Geiste vor, oder man malt sie im Geist auf ein weißes imaginäres Blatt Papier und betrachtet sie genau. Der Rückzuführende löst sich erst von dieser Fixierung, wenn es gilt, sich einer neuen Suggestion zuzuwenden. Ab der Zahl 19 massiert er mit seinen unsichtbaren Händen die verschiedenen Körperteile, um sie zu lockern und zu entspannen. Man beginnt mit der Zahl 19 bei der Massage der Füße und sagt (ich benutze hier die Ich-Form, obwohl bei der Gruppenrückführung anfangs wenigstens die Wir-Form, bei der Einzelrückführung aber die Du- oder Sie-Form angewendet wird): *Mit meinen unsichtbaren Händen massiere ich meine Füße. Die Füße lockern sich, lockern sich, entspannen sich, lockern sich immer mehr.* Erst wenn diese Suggestionen – langsam gesprochen (bei der Selbstrückführung »schweigend«) gewirkt hat, wird nach einer kleinen Pause die nächste Zahl, also 18, genannt: *Ich sehe die Zahl 18 genau vor mir oder schreibe sie auf ein Blatt Papier.* Sobald ich die vorgestellte Zahl gesehen und eine kurze Weile fixiert habe, gehe ich zur nächsten

Massage-Suggestion weiter, also: *Mit meinen unsichtbaren Händen massiere ich meine Beine.* Dabei stellt man sich genau vor, wie diese von den Händen massiert werden. Man kann hierbei mit den unsichtbaren Händen »fühlen« oder sich in die Teile des Körpers hineinversetzen und diese Berührung von innen erfühlen – oder man kann sogar beides nachempfinden.

In der englischen Sprache gibt es das Verb »to relax«, das genau das ausdrückt, was erreicht werden soll, nämlich: entspannen. Da unser Unterbewußtsein wie ein Computer die Eingaben nicht wertet, sondern einfach registriert, könnte es beim deutschen Wort »entspannen« die letzten beiden Silben, also »spannen« registrieren und das Gegenteil bewirken. Damit dieses nicht geschehen kann, sollte man die Vorsilbe »ent« besonders betonen. Hilfreich ist dieses Verb nur in Verbindung mit »lockern«, »loslassen« oder »sich lösen« zu verwenden. Um Fehlprogrammierungen zu vermeiden, benutze ich das Verb »entspannen« mit dem Verb »lockern« im Verhältnis 1:3. Somit nimmt mein Unterbewußtsein auch »entspannen« in der beabsichtigten Weise an.

Die Suggestion nach der fixierten Zahl 17 heißt: *Mit meinen unsichtbaren Händen massiere ich meinen Bauch. Alle Muskeln meines Bauches lockern sich jetzt, lockern sich, entspannen sich, lockern sich.*

Nachdem die Zahl 16, wie oben gezeigt, eine Weile fixiert worden ist, massiere man mit seinen unsichtbaren Händen den Brustkorb. *Der Brustkorb lockert sich, entspannt sich, lockert sich immer mehr.* (Nach einer kleinen Pause) *Auch die Lungen lockern sich, entspannen sich, lockern sich. Ich atme tief und gleichmäßig, und mit jedem Atemzug lockere und entspanne ich mich mehr und mehr.* Somit verstärkt das Ein- und Ausatmen die Suggestion des Entspanntwerdens. Die Lungen in den Entspannungsvorgang einzubeziehen ist von großem Vorteil. Da die Atmung den Gefühlszustand einer Person widerspiegelt. Wenn die Atmung ruhig und gelöst ist, entspannt sich auch der gesamte Körper.

Mit den Zahlen 15 und 14 gelangen wir zum Rücken, während mit der Zahl 13 die Schultern gelockert werden sollen.

Bei der Zahl 14 kann man auch auf die Nerven einwirken, die durch das Rückenmark verlaufen.

Da viele Teilnehmer während des Nennens der ersten Zahlen noch nicht ganz loslassen und mitgehen können, sind die zuerst genannten Körperregionen nur teilweise oder gar nicht gelockert. Deshalb weise ich nach der Nennung und Fixierung der Zahl 12 die Rückzuführenden nochmals an, die Füße, Beine, den Bauch und den Brustkorb sowie die Atmung, den Rücken und die Schultern zu lockern. Bei der Zahl 11 lasse ich den Hals und den Nacken massieren. Hier erwähne ich auch die Sehnen.

Während die Zahlen 10 bis 6 genannt werden, wird der Kopf, erst der Mund- und Kieferraum samt Zunge und Lippen (10), dann der Nasen- und Rachenraum (9), daraufhin die Augen (8), die Stirn, die Schläfen und die Kopfhaut (7) und schließlich der Ohrbereich sowie der ganze Kopf (6) gelockert. Bei der Entspannung des Kopfes erwähne ich die unsichtbaren Hände nicht mehr und weise auch nicht mehr daraufhin, daß man sich die Zahlen bildlich vorstellen soll. Das sollte in diesem Stadium automatisch geschehen.

Bei 9 angekommen, verstärke ich nach der Entspannung des Nasen- und Rachenraums nochmals die Suggestion, daß ich mich bei jedem weiteren Ein- und Ausatmen mehr und mehr entspanne. Bei 8, den Augen, angekommen, kann ich zusätzlich noch die Suggestion einflechten, daß ich müder und müder werde, aber alles genau mitverfolgen kann. Die Suggestion von Müdigkeit grenzt jedoch an das hypnotische Einschläfern, deshalb sollte man sehr vorsichtig damit umgehen.

Mit den nächsten beiden Zahlen gelangen wir zu den Armen (5) und zu den Händen und Fingern (4). Diese sind nun die letzten Körperglieder, die gelockert werden, und einige Leser werden mich nun fragen wollen, warum ich mit den Armen und Händen aufhöre und nicht etwa mit dem Kopf. Jeder wird mit der Zeit seine eigene Methode entwickeln und vielleicht den Entspannungsvorgang des Körpers mit der Entspannung der Kopfhaut beenden. Sicher ist diese Methode gleichermaßen effektiv. Ich halte mich an meine mir Erfolg versprechende Methode, die von Zeit zu Zeit immer wieder kleine Neuerungen erfährt. Die Erfahrung muß den Weg bestimmen.

Sind jetzt alle Körperteile entspannt, so gebe ich nach Nennung der Zahl 3 nochmals zusammenfassend allen Muskeln des Körpers die Suggestion ein, daß sie jetzt völlig entspannt und gelockert sind, während die Zahl 2 das gleiche mit allen Nerven des Körpers vornimmt.

Und nun nenne ich die Zahl 1 dreimal hintereinander wie ein langsam erfolgender Glockenschlag und suggeriere, daß ich nun völlig »eins« bin, mich in Harmonie befinde und mich ganz und gar wohl fühle. Bei Gruppenrückführungen befinden sich mit dieser Methode etwa neunzig Prozent der Teilnehmer in einer der sechs Stufen des Alpha-Zustandes. Ich nenne die Zahl 1 dreimal aus Vorsicht, um die Teilnehmer vor der Gefahr zu bewahren, jedesmal wenn die Zahl eins in einem Gespräch erwähnt wird, in den Alpha-Zustand abzusinken: Die Suggestion des vollkommen Eins-Seins ist mit der dreimaligen Nennung der Zahl 1 verbunden. Die Chance, diese Zahl in dreimaliger Wiederholung im täglichen Leben plötzlich deutlich genannt zu hören, dürfte äußerst gering sein.

Übersicht

Für den Leser stelle ich nochmals die *Count-Down-Entspannungsmethode* (CDE-Methode) im Überblick dar.
20 Augen schließen
19 Füße
18 Beine
17 Unterleib, Bauch
16 Brustkorb, Lungen, Atmung
15 Rücken (vom Gesäß bis zu den Schulterblättern)
14 Nerven im Rückenmark
13 Schultern
12 Zusammenfassende Wiederholung der genannten Glieder und Körperteile

11 Hals, Nacken (Muskeln, Sehnen, Nerven)
10 Mund- und Kieferraum (Zunge, Lippen)
 9 Nasen- und Rachenraum, Atmung
 8 Augen (Lider und Augenmuskulatur)
 7 Stirn, Schläfen, Kopfhaut
 6 Ohren, der ganze Kopf
 5 Arme
 4 Hände und Finger
 3 Alle Muskeln
 2 Alle Nerven
1, 1, 1 Einssein, Harmonie, Wohlgefühl

Das Behalten der Zahlen

Um das Behalten der Zahlen in ihrer Beziehung zu den zu
entspannenden Körperteilen zu erleichtern, gebe ich hier
noch einige Hilfestellungen.

Die 11 kann man sich als zwei Parallelstriche vorstellen,
die einen einfach gezeigten Hals markieren. Die 10, aus
Strich und Kreis bestehend, könnte man als Zunge (Strich)
und geöffneten Mund (Kreis) sehen. Die 9 ist eine umgekehrte Nase. Die 8 stellt in waagerechter Stellung das
Unendlichkeitszeichen dar, was an die Augen erinnert. Bei
der 7 denke man an das siebte Chakra (Scheitel), da ja der
obere Teil des Kopfes entspannt werden soll. Bei der 6 denke
man an die ähnliche Rundung der Ohren. Jeder mag seine
eigenen »Eselsbrücken« bauen, denn sie werden sich gewiß
als nützlich erweisen, zumal wenn man sich bei Selbstrückführungen zum Beispiel schon bei 10 in tieferen Alpha-Pha-
sen befindet und nur noch mühselig die CDE-Methode
durchführen kann.

Merkmale für den Alpha-Zustand

Während der CDE-Methode werden wir in den Füßen meist
ein Kribbeln verspüren (spätestens bei 12). Die Körperglie-

der fühlen sich erst sehr schwer an, als ob sie aus Blei wären. Nach dem Count-Down empfindet man meist kein Körpergefühl mehr, da man den Körper stillgelegt hat und sich mit den inneren Bildern beschäftigt. Bei der Entspannungssuggestion des Mundes und besonders der Zunge spüren wir meistens eine entspannende Starre im Mundraum. Bei 1 angekommen, fühlen wir uns wirklich wohl. Es kommt uns meist so vor, als hätten wir keinen Körper mehr. Wir befinden uns in einem Zustand, den wir manchmal zwischen Schlafen und Wachen erreichen, in dem wir uns noch »benommen« fühlen. Man fühlt sich losgelöst von seinem Körper. Jetzt kann die rechte Gehirnhälfte ungestört auf uns einwirken, da die linke mit dem Körper und den fünf Sinnen in einen leichten oder sogar tiefen Schlaf versetzt worden sind. Wir finden jetzt die Tore zu den Schatzkammern unseres Unterbewußtseins geöffnet, wie auch umgekehrt unser Höheres Selbst und andere Inspiratoren das Tor zu unserem Bewußtsein geöffnet finden, um uns wertvolle Dinge zuzuflüstern. Das Unterbewußtsein öffnet uns aber auch seinen Computer, in dem alle Begebenheiten unseres jetzigen und unserer früheren Leben festgehalten sind. Wenden wir uns zuerst der Betrachtung von gespeicherten Szenen aus unserer Kindheit und pränatalen Phase zu.

Rückführung in die Kindheit und pränatale Phase

Es empfiehlt sich – besonders bei Anfängern – vor dem Zurückgleiten in frühere Leben in die eigene jetzige Vergangenheit zu gehen. Im Alpha-Zustand erinnert man sich an längst vergessene Dinge, die in diesem Leben nachweislich stattgefunden haben – warum sollten also Bilder aus früheren Leben nicht wahr sein, wenn wir sie genauso real vor uns sehen oder gar in ihnen leben. Somit erleichtert die Rückkehr in vergangene Szenen unseres jetzigen Lebens den Übergang in frühere Leben.

Bei Anfängern empfiehlt es sich, solche Ereignisse aus der Jugend und Kindheit auszuwählen, die nachher überprüfbar sein könnten, zum Beispiel Geburts- oder Namenstage, der erste Schultag, »mein« schönstes Erlebnis in meinem x-ten Lebensjahr, mein Lieblingsspielzeug, als ich soundsoviel Jahre alt war und so weiter. Bei Selbstrückführungen kann ich natürlich ins Detail gehen, zum Beispiel: *Was waren meine schönsten Erlebnisse, als ich im Sommer X mit meinen Eltern die Ferien in Y verbracht habe?* Bei Einzelrückführungen können solche Details vorher mit dem Rückführungsleiter/-therapeuten abgesprochen werden, während sich ein Gruppenrückführungsleiter wegen der Vielzahl der Teilnehmer an allgemeine Geschehnisse halten muß.

Benützt man das Zurückgehen in die Kindheit nicht aus therapeutischen Gründen, sondern als Durchgangsstufe zu früheren Leben, ist es wichtig, daß wir in der Regel nur erfreuliche Dinge ansprechen, um uns nicht in Emotionen zu verstricken. Will man einen Geburtstag als Rückführungsstation aufsuchen, so kann man etwa fragen: *Über welches Geschenk habe ich mich am meisten gefreut? ... Was haben wir gegessen. Wenn es ein Kuchen war, wie schmeckte er?* Wichtig ist für viele – und das garantiert einen größeren Erfolg bei Rückführungen –, daß man sich die Vergangenheit nicht nur anschaut, sondern daß möglichst auch die anderen vier Sinne miteinbezogen werden. Ein Geschenk sollte man anfassen (Tastsinn) lassen, der Kuchen könnte geschmeckt oder gerochen (Geruchssinn) werden, und Stimmen der Anwesenden könnten vernommen (Gehörsinn) werden.

Man sollte nur zwei Stationen aus der Kindheit des jetzigen Lebens ansprechen, wenn man anschließend in frühere Leben gehen möchte. Vielleicht nicht bei der ersten Rückführung, aber schon ab der zweiten könnte man ein pränatales freudiges Ereignis wiedererleben und dies mit einer Beschreibung, wie man sich als Fötus oder Embryo fühlt, verbinden. Bei diesen Zustandsbeschreibungen werden oft Dinge erwähnt, auf die man vorher nie verfallen wäre, da man wahrscheinlich nie etwas darüber gehört oder gelesen hat. Wir erfahren, daß ungeborene Kinder oft über eine erstaunliche Weisheit verfügen. Sie verstehen intuitiv die Worte des Vaters oder der Mutter. Sie kennen deren damalige Probleme. Sie wissen, ob sie selbst erwünscht oder unerwünscht sind und entwickeln geradezu eine Aversion gegen den Vater, wenn er von Abtreibung sprechen sollte, was sich später im Verhalten des Kindes ihm gegenüber »unerklärlicherweise« auswirken kann.

So kann man dem Zurückgeführten eingeben, sein schönstes Erlebnis oder Empfinden im soundsovielten Monat zu erleben. Er könnte fühlen, wie der Vater den Bauch der Mutter gestreichelt hat oder die Musik, die die Mutter während der Schwangerschaft gehört hat, noch einmal nachempfinden. Wir können uns an alles erinnern. Und fragen wir später die Mutter, so wird sie alles bestätigen können. Je tiefer wir uns in den Alpha-Zustand versetzt haben, desto wahrer sind die Erlebnisse. Dies gilt auch für alles, was wir in früheren Leben sehen werden.

Je weiter wir in der Kindheit und dann in den pränatalen Zustand zurückgehen wollen, suggerieren wir, daß wir jetzt immer kleiner und kleiner werden, und mit dem Kleinerwerden steigert sich unser Wohlbefinden. Dieses Wohlgefühl einzugeben ist immer von Vorteil. Bei Gruppenrückführungen kann es immer wieder vorkommen, daß der eine oder andere Teilnehmer kurze Stationen passiert hat, die traurig oder unschön waren. Durch diese positive Programmierung kann man sich von negativ Erlebtem lösen und wird frei für die nächste Station.

Der Übergang vom jetzigen Leben in frühere Leben

Es gibt Rückführer – zumal Rückführungstherapeuten –, die, sobald sich der Zurückzuführende im Alpha-Zustand befindet, den Sprung in frühere Leben sofort ausführen lassen. Dies mag auch bei einigen neuen Patienten sofort gelingen – man kann aber auch mit dieser Methode erfolglos sein. Deshalb empfehle ich – besonders bei Anfängern – das Zurückgeführtwerden in die jetzige Kindheit und gegebenenfalls in die pränatale Lebensphase. Wiederum schließen Rückführer gern den Sprung in frühere Leben hier unmittelbar an. Ich empfehle jedoch erst einmal die Einhüllung in Licht.

Die Einhüllung in Licht

Diese Lichteinhüllung hat einmal den Vorteil, daß sich negative Schwingungen, die bei der Rückführung in die Kindheit trotz der positiven Suggestion entstanden sein könnten, verflüchtigen. Zum anderen wird dem Zurückgeführten ein »unbeschreibliches« Sich-Wohlfühlen vermittelt, das ihm Kraft und »Leichtigkeit« beschert und ihn bereit macht, in den Fahrstuhl einzusteigen, der ihn in seine früheren Leben transportieren wird. Diese Lichteinhüllung wird von den meisten Teilnehmern als etwas äußerst Angenehmes empfunden.

An dieser Stelle möchte ich noch auf einen Fehler, den Rückführer leicht begehen, hinweisen. Wenn sich der Zurückgeführte noch im Bauch der Mutter befindet und man sagt: *Und jetzt verläßt du den Bauch deiner Mutter. Du befindest dich im Licht*, wird sehr oft die Geburt mit all den damit verbundenen »Schocks« noch einmal erlebt. So etwas gilt es zu vermeiden. Der Rückführungsleiter muß in diesem

Fall dem Zurückgeführten sagen: *Du wirst immer kleiner und kleiner und fühlst dich, je kleiner du wirst, immer wohler … Und jetzt befindest du dich dort, wo du warst, bevor du in den Bauch deiner Mutter gelangt bist.* Und hier gebe ich gleich die Suggestion ein: *Du befindest dich eingehüllt von wunderbarem Licht, das dir ein unbeschreibliches Glücksgefühl vermittelt.* Viele Leser mag diese Lichtbegegnung an das erinnern, was sie über die Lichterlebnisse bei klinisch Toten gelesen haben (vgl. Literaturangaben: Moody, Kübler-Ross, Ring). Und tatsächlich erinnert sich der eine oder andere an ein solches Lichterlebnis. Andere mögen sich auch kurz dort sehen, wo sie sich mit vollem Bewußtsein vor ihrer Inkarnierung in den Mutterleib befunden haben. Solche Aufenthalte sind meistens sowieso Erlebnisse in sehr lichtvollen (vor allem im Vergleich zum Zustand im Mutterbauch) Sphären gewesen. Die vom Rückführungsleiter vorgegebene Lichtfülle widerspricht also nicht diesen lichtumgebenen Erlebnisstufen.

Die Begegnung mit dem Höheren Selbst

Dieses Lichterlebnis verknüpfe ich mit der Begegnung mit dem Höheren Selbst. Bei Gruppenrückführungen sollte man den Teilnehmern vorher erklären, was damit gemeint ist.

Im Unterschied zum Höheren Ich, das die Summe des Wissens und der Erfahrungen unserer gesamten früheren Leben umschließt, ist das Höhere Selbst der bewußte Teil der Ganzheit, die wir als Gott oder die Vorstellung des allgestaltenden, allerhaltenden Prinzips bezeichnen. Unser Höheres Selbst als Teil des Ganzen – oder besser als Repräsentation des Ganzen – ist totale Liebe, totales Wissen, totales Verstehen. Dieses Höhere Selbst bitten wir nun, uns auf der bevorstehenden Reise in unsere früheren Leben zu begleiten und uns an die Begebenheiten, die wegen ihrer Wichtigkeit wieder in unser Gedächtnis zurückgerufen werden sollten, heranzuführen. Unser Höheres Selbst hilft uns, Dinge und Beziehungen zu den Menschen zu klären, denen wir in all unse-

45

ren Erdenleben immer wieder begegnen, und es unterrichtet uns über die jeweiligen Zusammenhänge und unsere Aufgaben. Das Höhere Selbst übernimmt also die Funktion eines Führers und Beraters, der uns darüber hinaus auf *alle* Fragen bestens und angemessen antwortet. Ich glaube, daß in meinen Seminaren für viele die Erklärung von Zusammenhängen karmischer Verknüpfungen und der jeweiligen spirituellen Aufgaben das Beeindruckendste ist, weil sie Antworten auf viele Fragen erhalten: *Was ist der Sinn meines Lebens? Was sind meine eigentlichen Aufgaben? Was sollen ich und mein Partner voneinander lernen?* Und vieles mehr.

Das Höhere Selbst ist auch oft zur Stelle, wenn man sich an Namen oder Daten zu erinnern sucht, zum Beispiel wenn man als Ägypter vergangener Dynastien mit der christlichen Zeitrechnung nichts anzufangen weiß. Dem Zurückgeführten soll immer Zeit eingeräumt werden, Fragen an sein Höheres Selbst stellen zu können. Vor Beendigung einer Rückführung kann er auch Erkundigungen über Dinge einziehen, die nicht direkt mit der Rückführung in Zusammenhang stehen.

Mit dem Fahrstuhl in frühere Leben

Es gibt sicherlich eine ganze Reihe von verschiedenen Rückführungsmethoden, die sich der unterschiedlichsten »Vehikel« bedienen. Ich habe mit einem Fahrstuhl die besten Erfahrungen gemacht und empfehle ihn daher nicht nur für Anfänger. Der Rückführungsleiter sollte vor Beginn der Gesamtrückführung – also vor Beginn der Einleitung in den Alpha-Zustand – die Teilnehmer fragen, ob sie vor dem Fahren in Fahrstühlen Angst haben. Wenn jemand unter Klaustrophobie leidet, kann man ihm empfehlen, sich den Fahrstuhl so groß wie nötig vorzustellen. Damit müßte jegliche Angst von vornherein ausgeschlossen sein.

Die Mitfahrenden sollen sich im Fahrstuhl wohlfühlen, denn zwischen den einzelnen Leben werden wir uns immer wieder in den Fahrstuhl zur Weiterbeförderung begeben. Er sollte ein Ort sein, an dem man Kraft für den Ausflug in das nächste Leben oder für die Rückkehr ins jetzige schöpfen kann. Ich statte den imaginären Fahrstuhl mit Kristallen und Spiegeln aus, in denen sich das Licht mannigfaltig bricht. Außerdem erklingen aus den Wänden wunderschöne Melodien, die uns Kraft und Freude vermitteln.

Die Funktion der Musik bei Rückführungen

Es empfiehlt sich, als Hintergrunduntermalung – wie man es aus verschiedenen Meditationspraktiken kennt – eine »neutrale« Musik auszuwählen, so daß bei niemandem von vornherein eine irritierende Aversion entsteht. Sanfte Meditationsmusik, die Beruhigung ausdrückt, ohne große Crescendos und Fortes zu setzen, ist wohl am geeignetsten. Wenn man Musik als Untermalung einsetzen möchte, sollte man sie als suggestives Hilfsmittel benutzen, indem man schon zu Beginn und dann ein-, zweimal während des Count-Downs darauf hinweist, daß sie zur Entspannung des Körpers beiträgt. Im Fahrstuhl hat die Musik eine neue Funktion. Sie wirkt als Vermittlerin von Kraft- und Heilenergien. Sobald die Türen des Fahrstuhls geöffnet werden, muß die Musik jedoch abgestellt werden, da sich der Rückzuführende sonst irritiert fühlen könnte. Möglicherweise hat es diese Art von Musik in seinem früheren Leben noch nicht gegeben. Durch eine solche Irritation könnte er aus dem Alpha-Zustand gerissen werden. Sobald er jedoch nach einer Lebensbesichtigung wieder in den Fahrstuhl zurückkehrt, ist es angebracht, die Musik ertönen zu lassen, wie sie auch beim Rückholungsprozeß wieder hörbar werden kann. Musik ist nicht notwendig, kann aber eine Rückführung begünstigen.

Die genaue Benennung des aufzusuchenden Lebens

Bevor wir den Fahrstuhl besteigen, stellen wir ihn uns mit all seinen Herrlichkeiten genau vor. Es ist ein Ort, an den wir immer wieder gern zurückkehren und in dem wir uns vor einer Weiterfahrt von dem eben Erlebten erholen, das vielleicht doch dramatischer und in manchem fürchterlicher war, als es trotz der positiven Zielausrichtung erwünscht wurde. Bei diesen Zwischenaufenthalten schöpfen wir neue Kraft für eine weitere Lebensbesichtigung.

Wichtig ist, daß sich der Fahrstuhl langsam bewegt. Der Rückführungsleiter sollte nicht vorgeben, daß dieser nach unten oder nach oben fährt. Jeder wird seinen Fahrstuhl selbst in die gewünschte Richtung – eventuell auch zur Seite – lenken.

Im Fahrstuhl wird das nächste Ziel genau formuliert, zum Beispiel: *Ich möchte jetzt in das Leben zurückgelangen, in dem ich mit X in einer bedeutsamen Beziehung stand. Und ich bitte mein Höheres Selbst, mir bei der Auswahl behilflich zu sein, mich zu begleiten und mich auch auf alles Bedeutsame hinzuweisen. – Und schon setzt sich der Fahrstuhl langsam in Bewegung.* Wieder an die Begleitung des Höheren Selbst zu erinnern ist sehr wichtig, damit man bei seinem nächsten Besuch Unterstützung erfährt.

Das Fahrstuhlerlebnis wie auch das Lichterlebnis gibt der Rückführungsleiter als katathymes Bilderlebnis vor, das heißt: Das Vorgegebene ist eine Vorstellung aus der Unwirklichkeit beziehungsweise aus einer simulierten Möglichkeit, da es diesen Fahrstuhl ja in Wirklichkeit nicht gibt und der im Alpha-Zustand Befindliche diese Vorstellung für sich selbst erschaffen muß. Die Rückerinnerungen an unsere Jugend, Kindheit, Pränatalphase oder an ein früheres Leben hingegen ist real Erlebtes, also Teil von mir. Der Rückführungsleiter tippt nur an gewisse Erlebnisstufen an, er deutet praktisch auf die Schubladen des Unterbewußtseins, deren Inhalt ich mir besehe. Es handelt sich dabei nicht um Schubladen, die in mich hineingeschoben werden und die ich dann mit eigenem Zubehör fülle – wie es bei dem katathymen Bilderleben der Fall ist –, sondern es sind schon gefüllte Schubladen – dort haben sich die Ereignisse aus früheren Leben angehäuft.

Die letzten Worte des Rückführungsleiters vor dem Eintritt in ein früheres Leben sind: *Und jetzt hält der Fahrstuhl. Die Türen öffnen sich. Ich trete hinaus … und sehe mich in einer Landschaft, die mir sehr vertraut ist.* Hiermit gelangen wir zum ersten Ziel unserer Bemühungen, nämlich zum Wiedererleben von Momenten, Szenen und Begegnungen aus unserem früheren Leben.

Andere Methoden des Übergangs

Es gibt – wie schon erwähnt – die verschiedensten Rückführungsmethoden. So kann man zum Beispiel – soll also vom Fahrstuhl kein Gebrauch gemacht werden – den Zurückgeführten (er befindet sich ja zeitlich gesehen in einem früheren Zustand) nach dem rückwärtsgerichteten Verlassen des Mutterbauches in einen *Lichtnebel* führen, der ihn angenehm umhüllt und ihm ein unbeschreibliches Wohlgefühl vermittelt. In diesem Nebel kann die Begegnung mit dem Höheren Selbst stattfinden und das gesuchte Leben genau beschrieben werden. Daraufhin führt ihn das Höhere Selbst in eine bestimmte Richtung, bis sich der Nebel teilt und er in dem gewünschten Leben steht.[6]

Eine andere gern gewählte Methode hat wieder etwas mit dem katathymen Bilderleben zu tun. Der *Zurückgeführte* begegnet einem *weisen alten Mann* oder *seinem Meister* oder *Geistführer*, der über eine große Bibliothek verfügt. Jedes der Bücher ist ein bestimmtes *Lebensbuch*, das er nach Wunsch hervornimmt und aufschlägt. Der Zurückgeführte wird sich sehr schnell in das Buch versetzen und Szenen seiner früheren Leben sehen. Da er dem Meister schon begegnet ist, bietet es sich an, mit ihm auch während der Rückführung im Dialog zu stehen und alle Fragen zu dem Gesehenen und Erlebten zu stellen.

Eine ähnliche Methode ist das Hineinsehen in einen *Spiegel* (der dem Zurückgeführten auch von seinem Meister in die Hand gegeben sein könnte), in dem seine verschiedenen Leben erscheinen.

Von so einem Meister könnte man auch vor eine *weiße Wand* geführt werden, auf der nach dessen Zauberspruch die entsprechenden früheren Leben des Besuchers erscheinen.

Es gibt gewiß einige Dutzend erfolgreiche Rückführungs- und Einstiegsmethoden. Aber ich habe mit der Fahrstuhlmethode[7] die besten Er-Fahrungen gemacht. Deshalb empfehle ich dem Leser, sich vorerst an diese zu halten, bis er sich vielleicht für einen eigenen Weg entscheidet.

Das Erlebnis früherer Leben

Die Wahrnehmung seiner selbst

Nachdem der in ein früheres Leben Zurückgekehrte die ihm so vertraut und bekannt erscheinende Gegend zur Kenntnis genommen hat, lasse ich ihn zuerst auf seine Füße sehen und sich – wenn er welche anhat – seine Schuhe genau betrachten. Dann gleiten seine Blicke über seine Kleidung. Er befühlt sie mit den Händen (Tastsinn als Rückerinnerungshilfe). Natürlich geschieht alles nur in der Vorstellung. Bei hypnotischen Rückführungen kann es passieren, daß er seine Hände tatsächlich zu Hilfe nimmt. Oft lasse ich ihn dann einen imaginären Spiegel in die Hand nehmen oder in ein klares Wasser sehen, damit er sein Gesicht betrachten kann. Meistens – wie den späteren Berichten zu entnehmen ist – wird keine Ähnlichkeit mit dem heutigen Gesicht festgestellt.

Der Geschlechterwechsel

Viele nehmen sich nun als zum anderen Geschlecht zugehörig wahr. Das wird in einer Rückführung, wenn sie tief genug ist, als etwas ganz Selbstverständliches betrachtet. Menschen, die sich in einem leichteren Alpha-Zustand befinden, nehmen es jedoch oft mit Verwunderung und gar Zweifel zur Kenntnis. Meist verbringen wir mehrere Leben hintereinander mit dem gleichen Geschlecht, ein Zyklus von Leben des anderen Geschlechtes folgt. Dies hängt natürlich mit karmischen Verknüpfungen zusammen, denn ein männlicher »Chauvi«, der die Frauen verachtend behandelt, beschwört unweigerlich für sich selbst schon im nächsten oder eines der nächsten Leben die Reinkarnation als Frau herauf. Aber oft geschieht der Geschlechterwandel, damit wir nun von der anderen Seite her Dinge lernen sollen, denn unser eigentliches Sein ist ungeschlechtlich, und die Aufteilung in männlich und weiblich geschieht aus spirituellen Evolutionsgründen innerhalb der Reinkarnationszyklen. Warum wir aber den Geschlechtswandel vornehmen, entscheiden wir in Beratung mit unserem Höheren Selbst, wie ja auch alles, was uns in einem Leben begegnet, von uns und unserem Höheren Selbst ausgesucht worden ist. Deshalb ist die Schuld für alles, das uns leiden läßt – ob Personen, Umstände, Krankheiten –, von uns als Lernmaßnahmen und karmische Ausgleichsmöglichkeiten vorgesehen worden.

Name, Ort und Zeit

Dann frage ich nach dem Namen, meist *Vor- und Zunamen*. Bei Leben vor dem späteren Mittelalter wird nur ein Name genannt, denn die Nachnamen entstanden relativ spät in der europäischen Geschichte. Oft nennen die Zurückgeführten nur einen unvollständigen Namen, oder können ihn nicht richtig aussprechen. Bei Einzelrückführungen lasse ich eine andere Person den Namen nennen (Hinzuziehung des Gehörsinns!). Dann erinnert sich der Zurückgeführte meistens sofort. Der Rückführungsleiter sollte Namen und Fakten, wenn sie nicht beim ersten Abruf genannt werden können, während der Rückführung erneut abfragen.

Dann frage ich nach dem *Land* und dem *Ort*, in dem der Zurückgekehrte lebt. Meist hat der Betreffende (wenn er sich tief genug *in Alpha* befindet) keine Schwierigkeit, diese Namen zu nennen, besonders wenn ich eingegeben habe, daß er, nachdem ich bis drei gezählt habe, spontan den Namen des Landes weiß. Schwerer wird es, wenn sich die geographischen Benennungen in der Zwischenzeit geändert haben. Hier kann das Höhere Selbst zu Rate gezogen werden. Oft berichten die Zurückgeführten später, daß sie zwar das Land nicht benennen konnten, aber an der Landschaft und den Menschen die sie getroffen haben, zu erkennen glaubten, daß es Thailand gewesen sein könnte.

Die dritte Frage bezieht sich auf das *Jahr*, in dem er sich befindet. Oft wird ganz präzise die betreffende Jahreszahl wiedergegeben, manchmal weiß man später nur noch über das Jahrhundert zu berichten. Liegt das Leben lange zurück, werden die zeitlichen Angaben ungenauer. Wenn ich die Zurückgeführten ihr letztes Leben besuchen lasse, frage ich genau nach dem Geburtsort, Vor- und Zunamen und dem genauen Geburtsdatum, die sehr häufig prompt genannt werden, was für spätere Verifizierungen von höchstem Wert sein kann.

Als *Rückerinnerungshilfe* zähle ich bei der Findung von Ort, Name und Zeit bis drei und sage vorher: *Ich zähle jetzt von eins bis drei. Und bei drei wird dir dein Name einfallen*. Dieses Hilfsmittel, das sich in der Hypnosepraxis bestens bewährt hat, erweist sich auch bei den Rückführungen als äußerst nützlich. Denn meist fällt der Name dem Betreffenden bei Nennung der Zahl drei spontan ein.

Weiterhin könnte man danach fragen, wer dieses Land regiert, wie die größten Städte heißen, und so weiter. Das ist nützlich, wenn man in einer Rückführung nur *ein* vergangenes Leben ausloten und viele Fakten erfahren möchte. Geht es aber darum, während einer Rückführung zwei oder drei frühere Leben aufzusuchen, dann wird man nicht so sehr in die Einzelheiten gehen können.

Herrscher- oder Regierungsnamen sind oft schwierig zu erfahren, stimmen manchmal jedoch genau, obwohl der Zurückgeführte nur über mangelhafte oder gar keine Geschichtskenntnisse über die betreffende Zeit verfügt.

Die persönlichen Erlebnisse

Bei der ersten Rückführung lasse ich die Betreffenden zuerst in ihre damalige *Jugend* gehen, frage sie nach den Eltern, was der Vater für einer Tätigkeit nachging, wie ihr Zuhause aussah, lasse sie es von außen und innen betrachten, frage nach Geschwistern, Spielfreunden und vor allem nach ihrer Lebensbeschäftigung und dem erfreulichsten Erlebnis. Hier möchte ich nochmals betonen, daß der Rückführungsleiter – zumal bei einer Gruppenrückführung, bei der es darum geht, Erlebnisse wiederzuerleben –, hauptsächlich auf *positive Erlebnisse* abzielen muß. Er deutet praktisch auf jene Schubladen, die keine Schrecken beinhalten, um eine emotionale Regung – die die anderen Zurückgeführten irritieren könnte – von vornherein auszuschließen. Der Zurückgeführte will ja erst einmal Einblick in seine früheren Leben haben, jedes (sicherlich wichtige) Angehen an schlimme Erlebnisse (die höchst wahrscheinlich in seiner Psyche Spuren hinterlassen haben), sollte nur in therapeutischen Einzelrückführungen vorgenommen werden. Bei einer ersten Gruppenrückführung lasse ich die Teilnehmer aus diesem Grund auch jenes Leben zuerst aufsuchen, das im ganzen gesehen ihr glücklichstes war. Frühere Leben waren oft kurz, denn die durchschnittliche Lebenserwartung war früher nicht so hoch wie heute. Wenn man als Gruppenrückführungsleiter (GRFL) die Zurückgeführten nun weiter voranschreiten läßt, so wird – wegen eines möglichen frühen Todes – der eine oder andere »auf der Strecke bleiben«. Er erlebt nichts mehr, was der GRFL vorgibt, und das birgt die Gefahr, daß einige abschalten, weil sie ja nicht mehr direkt angesprochen werden. Das kann dazu führen, daß diese Teilnehmer auch für den weiteren Verlauf der Rückführung nicht mehr mitmachen und in der Folge nichts mehr erleben oder auf eigene Wanderschaft ziehen. Den meisten gelingt es, sobald man in den Fahrstuhl zurückgelangt, sich wieder am Geschehen zu beteiligen. Um Leerstrecken, die, wie gesagt, ein totales Abschalten nach sich ziehen können, zu vermeiden, gibt man die Suggestion: *Wenn du (ihr) nichts Neues im weiteren Verfolgen der Ereignisse deines Lebens siehst, kehre zu glücklichen Begebenheiten deiner Jugend zurück*. Bei Selbstrückführungen, die man auf einer vorgegebenen Kassette mitverfolgt, entsteht unter Umständen das gleiche Problem im Unterschied zur Einzelrückführung und zur Selbstrückführung ohne Kassette, da man hier direkt auf die Lebensbegrenzung eingehen kann.

Der Rückführende stellt meist folgende Fragen: *Wie sah deine Erziehung aus? ... Was hast du gelernt? ... Von wem hast du am meisten gelernt? ... Konntest du schreiben und rechnen? ... Welche Sprache hast du gesprochen? ... Hattest du einen Lieblingslehrer? ...* und so weiter. Aber man kann sich auch ein wenig weiter wagen, indem man sagt: *Was war dein bedeutendstes Erlebnis in deiner Jugend?* Hier läuft man eventuell Gefahr, den Zurückgeführten an schmerzliche Begebenheiten heranzuführen. Deshalb ist es wichtig, zusätzlich einzugeben: *Du kannst dir alles ganz gelassen ansehen.* Grausame Erlebnisse können so mit einem gewissen Abstand betrachtet werden, und negative Emotionen können so gar nicht erst entstehen. Bei Einzelrückführungen können problematische Situationen gezielt behandelt werden. Aus Erfahrung als GRFL kann ich sagen, daß es während der Rückführungen nie Schwierigkeiten gegeben hat, weil ein Zurückgeführter Gefühlsausbrüche hatte. Aber als ich einmal eine öffentliche Rückführung bei einem Kollegen besuchte, der vergessen hatte, Gelassenheit zu suggerieren, fing prompt einer der etwa zweihundert Teilnehmer laut zu schluchzen an und holte so einige andere aus dem Alpha-Zustand. Meistens lasse ich erst die wichtigsten oder bedeutsamsten Ereignisse gegen Ende eines früheren Lebens nachvollziehen.

Auch bei der Rückerinnerung an das Leben als Erwachsener gehe ich bei Gruppenrückführungen zuerst positiven oder neutralen Erlebnissen nach: *Was hast du am liebsten gemacht? ... Was war deine Lieblingsbeschäftigung? ... Welche Person hast du am meisten geliebt? ... Wie heißt sie?* und so weiter.

Man kann vor allem nach dem Beruf und der täglichen Beschäftigung fragen. *Wie gefiel dir deine Tätigkeit? ... Führtest du sie gerne aus? ...* Ebenfalls Fragen, die sich auf die Familie und Familienmitglieder beziehen: *Warst du verheiratet? ... Wie hieß dein Partner? Hast du ihn geliebt? ... Hattest du Kinder? ... Wie viele? ... Wie hießen sie? ... Wen hast du am meisten geliebt? ...* Es versteht sich von selbst, daß ein Rückführungsleiter seine Fragen sorgfältig formulieren muß. Man sollte nie von *deiner Frau* oder *deinem Mann* sprechen, weiß man doch gar nicht, ob der Zurückgeführte gerade Mann oder Frau ist. Deshalb müssen oft *neutrale Wörter* eingesetzt werden, wie auch alle weiteren Anleitungen immer so ausgerichtet sein müssen, daß sie sowohl auf einen Mann als auf eine Frau bezogen werden können. Bei Einzelrückführungen kann man genauer auf die speziellen Einzelheiten eingehen.

Ich frage auch manchmal nach dem damaligen Weltbild des Betreffenden, das mit seinem jetzigen in vollem Kontrast stehen mag. Vielleicht war er früher ein fanatischer Katholik oder luthertreuer Protestant, vielleicht auch Hindu oder Indianer. *Wie stellst du dir Gott vor? ... Glaubst du an ein Leben nach dem Tod? ... Wenn ja, wie stellst du es dir vor? ... Glaubst du, daß du nach deinem Tod nochmals auf Erden wiedergeboren werden könntest?* Je weniger tief jemand sich *in Alpha* befindet, desto weniger Schwierigkeiten hat er natürlich mit modernem Vokabular, weil er ja mit einem großen Anteil seines Bewußtseins sowieso noch in der jetzigen Gegenwart weilt. Dennoch ist es wichtig, möglichst eindeutige und unmißverständliche Fragen zu stellen.

Die Retrospektive

Eine vorzügliche Art, sein früheres Leben eingehend zu betrachten, ist das Rückwärtsschauen auf sein Leben aus der Perspektive vor seinem Tod. Ich sage meistens: *Du befindest dich jetzt ein halbes Jahr vor deinem Tod. Wie alt bist du?* Damit ist schon die Dauer des Lebens angegeben. Es empfiehlt sich, nicht zu suggerieren, daß sich der Rückgeführte kurz vor seinem Tod befindet und nun auf das gelebte Leben zurückblickt, denn schwere Krankheiten, Schmerzen und Todesängste, die oft dem Tod vorausgehen, könnten den Rückblick beeinträchtigen. Somit ist ein halbes oder ein Jahr als Zeit für einen Lebensrückblick günstiger.

Der Zurückblickende hat meistens die nötige Distanz, auch über schmerzliche Erlebnisse zu reflektieren, ohne daß diese ihm noch zu nahe gehen. Wichtig ist nur, daß der Betreffende nicht in Emotionen verstrickt wird. Trotzdem gebe ich noch zusätzlich ein, daß er sich alles gelassen ansehen kann. Hier bietet sich die Gelegenheit, ihn reflektieren zu lassen: *Wie beurteile ich mein Leben? ... Bin ich mit meinem Leben zufrieden? ... Halte ich mich für einen guten oder schlechten Menschen? ... Auf welche Dinge bin ich stolz?* Auf diese Weise kann sich der Zurückgeführte selbst beurteilen.

Das Einbeziehen des Höheren Selbst

Man kann auch das *Höhere Selbst* um ein Urteil über das gelebte Leben bitten. In manchen Fällen ist es anderer Meinung als der Rückgeführte, aber es wird nie verurteilen, da es als Teil des Göttlichen zum All-Verstehenden, All-Liebenden gehört.

Man sollte sich bei der Schlußbetrachtung eines früheren Lebens Zeit nehmen, um das Höhere Selbst zu Wort kommen zu lassen, denn so können viele Dinge aufgeklärt werden. Zum Beispiel kann man es fragen: *Welche Personen aus meinem Leben werde ich in meinem Leben am Ende des 20. Jahrhunderts wiedersehen, und wer werden sie sein?* Es ist erstaunlich, welche Klarheiten man dadurch gewinnen kann, denn Beziehungen wiederholen sich in abgewandelter Form. Ich kann mir aber auch vom Höheren Selbst erklären lassen, warum ich damals das Leben als Henker, Fürst, Tänzerin, Zigeuner geführt habe: *Was sollte ich damals lernen?* Man wird hier sehr bemerkenswerte Hinweise erhalten, die einem auch noch nach der Rückführung lange zu denken geben können. Die aufklärenden Hinweise durch das Höhere Selbst sollten gleich genutzt werden, um wiederum den Brückenschlag ins heutige Leben zu vollziehen. Wenn man die eigentlichen Aufgaben kennt, sollte man fragen: *Was habe ich bisher falsch oder richtig ausgeführt? ... Worin habe ich mich zu bessern oder zu verändern? ... Worauf habe ich im besonderen zu achten?* Ich gebe dann dem Zurückgeführten immer noch genügend Zeit, um selbst Fragen an das Höhere Selbst zu stellen. Hiermit wird dem Zurückgeführten oft klar, daß er die Beantwortung aller Fragen in sich trägt.

Die Verbindung zwischen wiedererlebtem Leben und dem jetzigen sollte häufig hergestellt werden. Dadurch kann der Rückgeführte den besten Gewinn für das augenblickliche Leben erzielen, denn frühere Leben sind ja die Sprossen auf einer Leiter. Ohne die vormals erstiegenen Sprossen wären wir jetzt nicht dort, wo wir heute sind, und viele Erlebnisse aus früheren Existenzen spielen heute noch eine Rolle.

Die Psychologie beschäftigt sich eingehend mit dem Kindes- und Jugendalter, sieht sie doch in ihnen die Schlüssel für das Verhalten der Erwachsenen. Eine zukünftige Psychologie wird aber in gleichem Maß auf frühere Leben eingehen müssen, um eine Persönlichkeit in ihrer Charakter- und Verhaltensstruktur ganz ergründen und erklären zu können.

Die Rückerinnerung an heutige Bezugspersonen

Wenn bei einer Gruppenrückführung mehrere Personen die ehemaligen Beziehungen zu jetzigen Verwandten oder Freunden ergründen wollen, spreche ich von den wiederzusehenden Personen als von Person A, Person B und so weiter. Soll aber nur eine Person zurückverfolgt werden, so benutze ich die Benennung Person X. Bei Einzelrückführungen kann der Rückführungsleiter von vornherein den ihm genannten Namen der Person aussprechen.

Für Esoteriker ist es längst kein Geheimnis, daß wir mit Menschen, zu denen wir in positivem wie auch in negativem Sinne eine starke Affinität besitzen, meist schon in früheren Leben zu tun hatten. Goethe wußte zum Beispiel, daß Frau von Stein in einem früheren Leben seine Frau war. Rückführungen haben bestätigt, daß sich besonders Menschen aus engen Familien- und Freundesbanden seit langen Zeiten kennen, so daß wir jemanden auf den ersten Blick lieben, weil wir ihn schon früher geliebt haben. Wir neigen dazu, Gefühle von früher mit in unser heutiges Leben hinüberzunehmen.

Besonders ist unser Lebenspartner, den wir oft wider alle Vernunft geheiratet haben oder bei dem wir beim ersten Treffen ein Zusammengehörigkeitsgefühl empfanden, ein alter Bekannter. Einige Hypnoregressoren haben sich spezialisiert, Paare mittels Hypnose getrennt voneinander zurückzuführen und die Beziehungen zu ihrem jetzigen Partner zu analysieren. Hier haben sich erstaunliche Übereinstimmungen ergeben, die die Wissenschaft aufhorchen lassen müßten.

In einem meiner Seminare habe ich im November 1988 in München erlebt, daß ein Ehepaar, ohne es vorher abgesprochen zu haben, sich bei der Entscheidung für eine Person A jeweils gegenseitig ausgesucht hatten. Als nach der Rückführung der Ehemann berichtete, daß er in einem früheren Leben in einem deutschen Städtchen des letzten Jahrhunderts (mit Angabe der Jahreszahl) gelebt habe und seine jetzige Frau seine damalige Mutter gewesen sei, rief jene: »Ich habe genau denselben Ort zu jener Zeit gesehen und mich als deine Mutter erlebt. Du warst mein Sohn.«

Besonders mit den uns heute Nahestehenden hatten wir meistens schon in früheren Leben in den verschiedensten Konstellationen zu tun, und immer ging es darum, aus der gemeinsamen Verknüpfung etwas zu lernen. Seelenpartnerschaften kommen aus spirituellen Gründen zustande und sind darum Lerngemeinschaften. Dies wird bei Rückführungen immer wieder bestätigt, wenn man das Höhere Selbst nach dem Grund der damaligen und jetzigen Beziehung fragt. Nachdem ich den Zurückgeführten ein Leben mit seiner Person A erleben ließ und jener ausgiebig sein Höheres Selbst nach den gemeinsamen Aufgaben in diesem Leben befragen konnte, lasse ich ihn darum bitten, daß ihm die höhere Instanz auch noch weitere Leben mit A aufzeigt und ihm die Anzahl der bisherigen in enger Beziehung geführten Leben nennt. In Einzelrückführungen könnte man alle gemeinsamen Leben zurückverfolgen. Ein interessantes Phänomen ist immer, daß Aussagen der Zurückgeführten über Fakten und Details aus früheren Leben, selbst wenn jene nach mehreren Jahren bei erneuter Rückführung alles oder vieles vergessen haben sollten, immer wieder mit den schon einstmals berichteten (einschließlich neu hinzugekomme- ner Ergänzungen) übereinstimmen, so daß keine Wider- sprüche entstehen.

Das Wiedererleben von Tod und Leben nach dem Tod

Zurückgeführte können auch ihren Tod aus früheren Leben noch einmal erleben. Der Vorteil, der sich aus einer solchen Rückerinnerung ergibt, ist der, daß man die Angst vor dem Tod am Ende des jetzigen Lebens verliert, denn man hat den Tod als etwas Befreiendes, Erlösendes und meist auch Beglückendes erfahren.

In Seminaren führe ich die Teilnehmer meist zum Tod ihres letzten Lebens, denn es liegt auf der Hand, daß Erinnerungen ans jeweils letzte Leben noch präsenter im Unterbewußtsein vorhanden sind. Doch ist es generell möglich, bei allen zurückgeführten Leben seinen Tod und die anschließenden Erlebnisse wieder zu erleben.

Im Count-Down über die Todesschwelle

In Gruppenrückführungen sollte man darauf achten, daß die Zurückgeführten die dem Tod oft vorangehenden Schmerzen nicht noch einmal miterleben. Wieder wird die Suggestion ausgesprochen, daß man alles Folgende ganz gelassen und teilnahmslos betrachten kann. Die Stationen vor dem Tod sollten möglichst schnell durchlaufen werden, so daß der Schmerz und die Angst keine allzu großen Eindrücke hinterlassen können. Man nähert sich seinem letzten Atemzug mit Hilfe eines Count-Down, wie ich sie später in der Einzelrückführungsdemonstration erklären werde, indem man vom letzten ganzen oder halben Jahr angefangen erst monats-, dann wochen-, tage-, stunden- und minutenweise weiterschreitet. Die Betreffenden wissen trotz der relativen Geschwindigkeit anschließend genau zu berichten, wie sie gestorben sind, und kennen die Todesursache.

Die Erlebnisse unmittelbar nach dem Tod

Den Count-Down halte ich erst an, wenn die Schwelle über den Tod beschritten worden ist, indem ich sage: ... *eine Minute vor deinem Tod ... jetzt stirbst du ... jetzt ist es eine Minute nach deinem Tod. Was empfindest du? Was erlebst du? ... Erlebe jetzt, was fünf Minuten, zehn Minuten, zwanzig Minuten nach deinem Tod geschieht.* Die bei Einzelrückführungen sofort, bei Gruppenrückführungen erst im nachhinein geschilderten Erlebnisse sind sehr unterschiedlich. Während einige überhaupt nichts fühlen, erleben sich andere meist in erleichterten Zuständen. Sie nehmen ihren eben verlassenen Leichnam und die anwesenden Personen wahr und wissen meist ganz genau, was mit ihnen geschehen ist. Nur wenige sind fassungslos über den soeben erlebten Vorgang. Viele – auch solche, die vorher nie etwas über Sterbevorgänge gelesen oder gehört und sich auch nie mit Jenseits-Literatur beschäftigt haben – sehen plötzlich einen verstorbenen Verwandten oder auch mehrere aus dem soeben beendeten Erdenleben vor sich oder einen Unbekannten, der sich als deren Schutzengel oder Schutzgeist herausstellt. Meist ist das ein erfreuliches Ereignis, oder der Verstorbene ist verwundert, aber die Erklärungen, die ihm durch Telepathie erteilt werden, sind immer beruhigend. Höllen- oder Schreckensvisionen sind nur in einem von allen Fällen geschildert worden.

Da ich bei Gruppenrückführungen als Leiter nie weiß, was die einzelnen Teilnehmer erleben, muß ich alles ganz neutral formulieren, um keine Leerläufe zu produzieren. Leider geschieht es dennoch immer wieder, daß einige in diesem Stadium abschalten. Deshalb ist es ratsam, Erlebnisse nach dem Tod erst am Ende einer Gesamtrückführung vorzunehmen. Obwohl ich weiß, daß viele jetzt nichts erleben werden, da Blockaden an Jenseitiges wegen religiöser oder materialistischer Vorstellungen oft besonders festsitzen, führe ich in das letzte *Zwischenleben* zurück. Ich weiß, daß es für diejenigen, die alles mitverfolgen können, ein ungeheures und überwältigendes Erlebnis ist.

Die Begegnung mit dem Jenseits

Obwohl ich mich ausgiebig mit dem Jenseits befaßt habe – sei es durch Literatur oder Geisterkommunikation –, erstaunt es mich immer wieder, bei Berichten der Zurückgeführten über ihre Erlebnisse nach dem Tod Bestätigung dessen zu erhalten, was ich bisher durch andere Quellen erfahren habe. Sich mit diesem Thema durch Literatur auseinanderzusetzen, halte ich nicht nur für einen Reinkarnationslehrer, sondern vor allem für einen Rückführer für unerläßlich. Trotz aller Vorkenntnisse dürfen wir bei Gruppenrückführungen nicht in den Fehler verfallen, das von den Teilnehmern Wahrgenommene durch Vorgaben zu manipulieren, so daß ein katathymes Bilderleben, nicht aber ein echtes, also eigenes Wiedererleben daraus entsteht. Deshalb ist es auch hier geboten, möglichst neutral vorzugehen.

Dieses neutrale Vorgehen leite ich beim Übergang zum »Jenseits« mit den Worten ein: *Was geschieht nun mit dir im weiteren Verlauf? ... Sieh dir die einzelnen Phasen genau an ... Wo gelangst du hin?* ... Dieses kursorische Einsteigen der Zurückgeführten in das Leben nach dem Tod sollte bald durch Festhalten an konkreten Dingen intensiviert werden, jedoch wiederum durch neutrale Geschehnisse, die für den Teilnehmenden natürlich ganz persönliche Erlebnisse sind: *Was hat dich am meisten erstaunt? ... Worüber hast du dich am meisten gefreut? ... Siehst du irgendwelche Personen? ... Wenn ja, wen siehst du? ... Welche Begegnung hat dich am meisten beglückt? ... Worüber habt ihr euch unterhalten?* Am Gesichtsausdruck der Beteiligten kann man als Rückführungsleiter erkennen, ob sie Begegnungen erleben. Für den jenseitskundigen Rückführungsleiter ergibt sich jetzt eine weitere Auswahl dessen, was er an möglichen Erlebnissen vorgibt. Er kann fragen, ob die Zurückgeführten nochmals besuchsweise zur Erde zurückgekehrt sind, was sie erlebt und unternommen haben. Nachher berichten jene, daß sie zum Beispiel ihre Beerdigung mitangesehen haben, die Gedanken der teilnehmenden Trauernden lesen konnten, selbst den Wunsch gehabt haben, sie zu trösten.

Man kann sie ihre jenseitigen Tätigkeiten, ihre Lieblings-beschäftigungen, ihre wichtigsten Begegnungen wiederer-leben lassen, sie auch jene Orte und Gegenden sehen lassen, an denen sie sich bevorzugt aufgehalten haben. Man kann sie das Geschehene mit den Dingen und Gegenständen ihres letzten Erdenlebens vergleichen lassen, zum Beispiel Blu-men, Bäume, Gärten, Tiere, Pflanzen, Häuser, Städte, Klei-dung. Aber man kann auch subtilere Fragen stellen, die für die Auseinandersetzung mit sich selbst vorteilhaft sind, etwa: *Hast du dich mit deinem vergangenen Erdenleben auseinandergesetzt? ... Was denkst du über dich als vorma-ligen Erdenbürger? ... Wie beurteilst du dich jetzt? ... Was waren deine Aufgaben? ... Hast du sie erfüllen können?* An diesen Fragenkomplex könnte man Fragen reihen, die sich mit den verschiedenen früheren Leben befassen: *Was weißt du über deine früheren Leben? ... Mit wem hast du darüber gesprochen? ... Wenn ja, was habt ihr im einzelnen bespro-chen? ... Konntest du dich hineinversetzen in frühere Leben – oder konntest du dich nur erinnern?* Die Erlebnisse der Zurückgeführten ergeben nicht nur für sie selbst interes-sante Einsichten, sondern auch für die Reinkarnationsfor-schung, die Ergebnisse aus den Rückführungen wissen-schaftlich auswerten sollte. Ein neuer Fragenkomplex könnte sich auf mögliche persönliche Meister, Geistführer oder Schutzgeister beziehen. Bei Einzelrückführungen hat man es als Rückführungsleiter leicht, anhand der Antwor-ten immer weiter und direkter zu fragen – was auch mir, dem Rückführer, immer wieder erweiternde Erkenntnisse beschert. Mit seinem Meister oder Schutzgeist kann der Be-treffende wie mit dem Höheren Selbst über alles sprechen, was er wissen möchte, sei es über sein vergangenes Leben, über die Zusammenhänge zwischen den verschiedenen Le-ben, die jeweiligen Lernaufgaben, aber auch über die bevor-stehenden Dinge, die sich auf eine folgende Inkarnation und mit den Vorbereitungen darauf beziehen.

Die Vorbereitung auf das nächste (heutige) Leben

Auch ohne einen Meister, den einige der Zurückgeführten nicht sehen, kann man gute Erfahrungen durch die richtig gestellten Fragen erzielen, indem man generell fragt: *Wie hast du dich auf dein nächstes Leben vorbereitet? ... Hat dich jemand beraten? ... Hast du dir deinen oder deine Partner vorher ausgesucht? ... Wie und warum geschah das?* Oft berichten die Zurückgeführten, daß sie ihre zukünftigen Partner aus früheren Leben kannten und jetzt in ihrer neuen Heimat wiedergetroffen haben. Sie wollen zum Beispiel unbeendete oder neue Aufgaben in einem gemeinsamen Leben zusammen lösen und sich gegenseitig helfen. Bei der Lebensauswahl, ob reich oder arm, rangieren karmische Zusammenhänge, aber ebenso Erlebnisabrundungen und Erschließung neuer Erfahrungsbereiche vor persönlichen Wünschen. Denn der Betreffende sieht die Notwendigkeit der im nächsten Leben zu bewältigenden Aufgaben ein und stimmt ihnen zu. Man kann sich selbst also genauestens nach den wichtigsten Aufgaben fragen. Auch die Frage, warum man seine Eltern ausgewählt hat, verknüpft sich – wie aus den späteren Berichten hervorgeht – mit tiefen Einsichten, die oft das eigene Verhältnis zu ihnen positiv verändern kann, da man jetzt erfährt, warum man sich zum Beispiel einen intoleranten Vater ausgesucht hat. Vielleicht soll man dadurch lernen, sich selbst zu behaupten und anderes mehr. Der vielleicht bisher gehaßte Vater erscheint nun in einem anderen Licht. Der Betreffende wird ihm vielleicht nun zum erstenmal dankbar sein. Rückführungen, ob in frühere oder ins jenseitige Leben, erweitern das Verständnis und bringen mehr Harmonie in das heutige Leben. Man versteht, warum man im Beruf, bei Krankheit oder Partnerschaften Schwierigkeiten zu überwinden hat. Solche Bezugnahmen zum heutigen Leben – wo immer sie sich bei Rückführungen am besten einfügen lassen – sind aus meiner Sicht besonders wertvoll, weil sie unser Bewußtsein fördern. Dadurch können wir bewußt unsere spirituelle Entwicklung beeinflussen und beschleunigen.

Die Einkehr in den Bauch der Mutter

Die Berichte über den Reinkarnationsprozeß sind mannigfacher Art, von dem erlebten Schrumpfen des jenseitigen Körpers, von dem Verlieren aller Körperlichkeit bis hin zum totalen Vergessen, während sich die Erinnerung erst wieder mit dem Eintreten in den Bauch der Mutter einstellt. Nach der Vorgabe: *Betrachte dir den Vorgang deiner Reinkarnation*, kann man nach einer Wartezeit von vielleicht 15 bis 20 Sekunden die nächste Frage stellen: *Wann kehrtest du in den Bauch deiner Mutter zurück? ... Wie alt war damals dein Embryo oder Fötus?* Hier ist nun interessanterweise festzustellen, daß der Zeitpunkt des Eintretens in den Mutterleib ganz unterschiedlich ist. Manche erleben den Akt der Zeugung mit und können sogar die Verschmelzung des männlichen Spermiums mit dem weiblichen Ovarium genau verfolgen. Andere dringen erst mit der ersten, zweiten, dritten Woche oder erst nach einem oder mehreren Monaten in den Bauch der Mutter ein. Wieder einige befinden sich im Aurafeld der Mutter, bevor sie eindringen, andere kehren immer wieder ins Jenseits zurück und warten mit ihrem Einstieg in den Fötus[8].

Das Erlebnis der eigenen Geburt

Nachdem die Beteiligten diese Erlebnisse erfahren oder beobachtet haben, kann ich die Betreffenden nochmals mit ihrem Höheren Selbst konfrontieren, um noch anstehende Fragen klären zu lassen. Daraufhin kann ich sie, um sie in ihr heutiges Leben zu bringen, in den Fahrstuhl zurückführen, oder ich kann sie, da sie sich schon im Bauch oder im Aurafeld der Mutter erlebt haben, ihre Geburt erleben lassen. Dabei sollte man nicht bei Einzelheiten stehenbleiben, um Schockerlebnissen während des Geburtsvorgangs nicht allzu viel Raum zu bieten. *Während dein kleiner Körper im Bauch der Mutter immer größer wird, näherst du dich deiner Geburt. Du befindest dich jetzt einen Monat davor ...*

zwei Wochen davor ... eine Woche, drei Tage, einen Tag davor, jetzt sind es nur noch drei Stunden, eine Stunde, zehn Minuten, zwei Minuten, eine Minute, jetzt gleitest du aus dem Körper deiner Mutter. Hier sollten wieder möglichst neutrale Formulierungen verwendet werden, denn der Betreffende könnte auch durch Kaiserschnitt das Licht der Welt erblickt haben oder wegen einer ungewöhnlichen Lage keine ganz normale Geburt erlebt haben. *Wie fühlst du dich? Du kannst alles gelassen erleben. Was geschieht im weiteren Verlauf mit dir?* Hier könnte man Einzelheiten fragen, wer zum Beispiel ihn als erstes, zweites, drittes angefaßt oder gewaschen, gewickelt und dergleichen hat. Es handelt sich hierbei um Details, deren Verifizierung man dann von der Mutter oder anderen einholen kann.

Das Geburtserlebnis empfehle ich, nur bei Fortgeschrittenen, die mit gutem Erfolg schon mehrere Rückführungen ausgeübt haben, vorzunehmen. Alle Anfänger sollten mittels des Fahrstuhles in die Gegenwart zurückgeholt werden. Denn die Geburt geht oft mit einem Trauma einher, ist für viele jedoch in ihrer Nachvollziehung eine überwältigende Erfahrung, die man nicht missen sollte[9]. Hier ist natürlich wieder einzugeben, daß man den Geburtsvorgang schmerzfrei erlebt und alles ganz gelassen betrachten kann. Vieles von dem, was man dabei erlebt, wurde im nachhinein den Beteiligten in Einzelheiten von ihren Müttern bestätigt.

Nach diesem Geburtserlebnis kann man die Zurückgeführten direkt ins Heute zurückholen. Eine wichtige Suggestion lautet: *Du kannst dich im Wachbewußtsein an alles erinnern und fühlst dich wohl und erfrischt.*

Der Wechsel von einem Leben in ein anderes

Die Frage nach der Dauer von Rückführungen

Dem Rückführungsleiter bleibt es überlassen, wie lange eine Rückführung dauert und mit wie vielen verschiedenen Leben er die Teilnehmer konfrontiert. Ich kenne eine Rückführungsleiterin, deren Rückführungen sich bis zu drei Stunden hinziehen. Meine Gruppen- und Einzelrückführungen erstrecken sich über eine Dauer von etwa einer Stunde, wobei 20 Minuten für die Versetzung in den Alpha-Zustand, 5 Minuten für die jeweilige Rückversetzung in den Fahrstuhl bei drei anzusetzenden Leben und 5 Minuten für den Rückkehrprozeß in die Gegenwart benötigt werden. Die Dauer der therapeutischen Sitzungen richtet sich nach dem Finden und Lösen des Problems, kann also kürzer oder länger als eine Stunde betragen, während bei hypnotischen Rückführungen der Versetzungsvorgang in den Alpha- oder Theta-Zustand weit schneller vonstatten geht.

Aufgrund meiner Erfahrungen muß ich sagen, daß eine halbe Stunde für die Betrachtung von früheren Leben vollkommen genug ist. In dieser Zeit erleben die meisten Teilnehmer so vieles, daß sie eine ganze Kassette mit dem Erlebnisbericht dieser halben Stunde füllen könnten. Denn schließlich muß das Erlebte ja auch innerlich verarbeitet werden. Und wenn zu viel aus der Vergangenheit auftaucht, denkt man im nachhinein nur über die Hauptereignisse und nicht mehr über die Einzelheiten nach, die in Vergessenheit geraten könnten.

Dauert eine Gruppenrückführung zu lange, werden diejenigen, die sich nicht oder nicht mehr im Alpha-Zustand befinden, die anderen durch Husten oder Unruhe stören.

Die Anzahl der verschiedenen Leben bei einer Rückführung

Natürlich ist es angebracht, sich bei Rückführungen ausführlich auf ein Leben zu konzentrieren, vorausgesetzt, man hat Zeit für mehrere Einzelrückführungen. Bei Wochenendseminaren für Anfänger gilt es, ihnen erst einmal den Einstieg und ein Kennenlernen ihrer früheren Leben zu vermitteln. Hierbei kommt es ihnen entgegen, mehrere Leben aufzudecken – wenn auch nur kurz –, indem man bei einigen Bildern ein wenig verweilt und dann zu anderen übergeht. Hier soll die Neugier für das Buch der eigenen Vergangenheit geweckt werden. Vielleicht bekommt der Zurückgeführte Lust, dieses Buch genauer zu studieren, um zu tieferen Einsichten zu gelangen. Ein Wochenendseminar für Anfänger kann also nicht viel mehr als ein Öffnen und Blättern im jeweiligen Lebensbuch sein. Doch wieviel Offenbarendes wird manchem schon bei solch einer ersten Öffnung beschieden!

Deshalb lasse ich meine Seminarteilnehmer in drei oder vier Sitzungen etwa in zehn verschiedene Leben hineinblikken. Wenn ein Beteiligter während einer Sitzung keinen Erfolg hat, kann er, wenn man mehrere Rückführungen bei einem Wochenendseminar abhält, bei der nächsten noch einmal neu beginnen.

Das Sich-Niederlegen auf seine Schlafstelle

Wenn also während einer Rückführung drei verschiedene Leben aufgesucht werden sollen, stellt sich die Frage nach dem Wechsel von einem Leben in das andere. Nachdem ein Leben, wie oben beschrieben, durchgegangen worden ist und man es eventuell ausklingen ließ mit einer Befragung des Höheren Selbst, bitte ich den oder die Betreffende(n), sich in ihrem früheren Leben auf ihre jeweilige Schlafstätte niederzulegen. Von Bett sollte man nicht sprechen, weil vielleicht einige die Nacht auf dem nackten Boden oder auf einer Matte oder sonstwo verbracht haben. Würde ich Bett sagen, könnte das bei denen, die in ihrem früheren Leben kein solches besessen haben, auf Befremden stoßen, und sie fragen sich: »Warum soll ich in einem Bett schlafen, ich habe doch keines.« Hierdurch kann eine Irritation entstehen, die den Betreffenden aus dem Alpha-Zustand herausholen könnte.

Die Programmierung der Nacherinnerung

Nach dem Sich-Hinlegen auf die Schlaf- oder Lagerstätte lasse ich sie die Augen schließen, doch vor der Eingebung des sofortigen Müdewerdens und Einschlafens gebe ich die wichtige Programmierung ein: *Alles, was du bisher gesehen, gehört, erlebt und gefühlt hast, verankert sich in deinem Gedächtnis* (nicht mit dem Unterbewußtsein verwechseln, denn von dort ist ja die Wiedererinnerung heraufgeholt worden), *so daß du dich jederzeit an alles nach Wunsch zurückerinnern kannst.* Unterläßt man diese Programmierung (die man in Selbstrückführungen ebenfalls vorzunehmen hat), können Teile oder das ganze Erlebte nach dem Aufwachen gleich oder sehr schnell wieder vergessen sein. Diese Programmierung sollte sowohl vor jedem Wechsel in ein anderes Leben stattfinden als auch vor der Rückkehr in die Gegenwart. Jeder Rückführungsleiter sollte einmal eine Rückführung mit und eine ohne Programmierung des jeweils erlebten Lebens durchführen, und er wird anhand der sich anschließenden Berichte den Unterschied feststellen können.

Die nächste Suggestion des Müdewerdens und Einschlafens gibt demjenigen, der eventuell während der Betrachtung eines Lebens aus dem Alpha-Zustand wieder herausgekommen ist, die Gelegenheit, sofort wieder in die Tiefe zurückzukehren, bei anderen mag sogar dadurch noch eine größere Tiefe erzielt werden.

Die zwischenzeitliche Rückkehr in den Fahrstuhl

Nach der Schlafsuggestion lasse ich die Teilnehmer in den Fahrstuhl zurückkehren. Dieser ist ihnen aus dem ersten Besuch bestens vertraut. Sie sehen sich darin um und erfreuen sich – gemäß der Vorgabe des Rückführungsleiters – an den Farben und der Musik. Es könnte durchaus sein, daß einer der Teilnehmer bei einer Rückführung etwas Schmerzliches oder Befremdendes erlebt hat, deshalb ist es besonders wichtig, daß in dem Fahrstuhl eine freundliche Atmosphäre herrscht, in der sich der Zurückgeführte erholen und neue Kraft für weitere Erlebnisse schöpfen kann. Der Fahrstuhl dient also nicht nur zur Beförderung, sondern vermittelt auch Freude und Harmonie.

Nachdem der Betreffende in den Fahrstuhl zurückgekehrt ist und positive Energie getankt hat, konzentriert er sich auf seinen nächsten Lebensbesuch. Der Rückführer veranlaßt ihn zu sagen: *Ich möchte jetzt jenes Leben aufsuchen, in welchem ich* (zum Beispiel) *am längsten auf Erden gelebt hatte. Und ich bitte mein Höheres Selbst, mich zu begleiten, um mich auf alles Wichtige hinzuweisen.* Und nun kann der imaginäre Fahrstuhl langsam in Bewegung gesetzt werden, bis er anhält und sich die Türen zu einem neuen Leben öffnen.

Das Zurückholen in die Gegenwart

Wenn die Betrachtung eines bestimmten Lebens abgeschlossen ist und nun der Rückführungsvorgang beendet werden soll, ist es nicht nötig, den Zurückgeführten (wie wir es beim Wechsel von einem Leben ins andere gesehen haben) sich auf eine Ruhestätte hinlegen zu lassen. Vielmehr wird er direkt in den Fahrstuhl zurückgeführt, wo er sich wieder erholen kann.

Dort muß ihm eingegeben werden, daß er sich an all das, was er soeben erlebt hat, erinnert. Diese *Verankerung des Erlebten im Bewußtsein* ist sehr wichtig, um eine optimale Rückerinnerung des Betreffenden zu bewirken, sobald er die Augen wieder geöffnet hat.

Nachdem diese Programmierung eingegeben worden ist, lasse ich den Betreffenden sich nochmals »volltanken« an Energie und Heilkraft, die ihm im Fahrstuhl durch das Licht und die Musik vermittelt werden. Diese *positive Energievermittlung* bewirkt, daß das Wohlbefinden auch nach dem Aufwachen andauert.

Als nächstes erfolgt die Eingabe der Rückkehr: *Und nun möchte ich zurückkehren nach* ... (hier wird das Land, der Ort und auch das Haus oder die Straße genannt) *im Jahre* ..., *am* ... (Tag und Monat) ... *Und jetzt setzt sich der Fahrstuhl langsam in Bewegung* ... *Die Türen öffnen sich, und ich befinde mich in jenem Raum* (Zimmer, Saal), *in dem ich mich vorhin hingesetzt oder hingelegt habe, und fühle mich sehr wohl.* Hier wird nochmals die Eingabe wiederholt, daß man sich an alles, was geschehen ist, erinnern werden kann, sobald man die Augen wieder öffnet.

Dieser Rückversicherung folgt als nächste Eingabe, daß man sich jetzt auf die Stimme des Rückführungsleiters (Nennung des Namens) konzentriert und hört, wie er sagt: *Ich zähle jetzt von 21 bis 25, und wenn ich 25 sage, öffnen wir wieder unsere Augen.*

Wurde während einer Gruppenrückführung ab der Zahl 10 bei dem CDE-Vorgang der Wechsel von dem Wir zum Ich vollzogen, so geschieht nun der umgekehrte Vorgang vom Ich oder Du zum Wir. Während der Rückführung hätte das Wir nur irritiert, denn wenn sich jemand in einem Leben allein sieht und vernimmt ein Wir, wird er sich fragen: »Wer ist eigentlich Wir? Es ist doch niemand anderes da?« Während einer Rückführung verfolgt der Zurückgeführte die eingegebenen Worte ganz genau. Es darf also nichts Widersprüchliches gesagt werden.

Viele Rückführer zählen bei der Zurückholung aus dem Alpha- oder Theta-Zustand von 1 bis 3 oder bis 5. Ich bevorzuge das Zählen von 21 bis 25, da ja die Zahlen von 1 bis 5 schon bei der CDE-Technik verwendet worden sind. Wenn ich beim Rückholungsvorgang die Zahl 5 als diejenige erwähle, bei deren Nennung der Betreffende die Augen aufschlagen soll, kann sich diese Zahl derart in seinem Unterbewußtsein verankern, daß er bei einer zu anderer Zeit wiederholten Rückführung während des Count-Downs bei dem Hören der Zahl 5 die Augen öffnet und sich sogleich wieder im Beta- Zustand befindet. Dieser Umstand wird leider bei vielen Rückführern nicht bedacht und könnte deren Erfolge bei wiederholten Rückführungen mit der- oder denselben Personen beeinträchtigen.

Sobald sich der Zurückgekehrte auf die Stimme des Rückführungsleiters konzentriert, kann dieser ein wenig seine Stimme verändern (vorher war sie langsam und vielleicht getragen), indem er normal und auch lauter spricht.

Bei der Zahl 21 werden die Zehen, bei der Zahl 22 die Finger, bei 23 die Knie, bei 24 die Ellbogen (mit Eingabe von: Sich-Strecken) bewegt, während »wir« bei 25 die Augen öffnen.

Sollte jemand nach Nennung der Zahlen immer noch nicht wach sein, was selbst bei Gruppenrückführungen nur äußerst selten passiert, muß der Rückführungsleiter folgendermaßen vorgehen:

Er nähert sich dem Betreffenden und sagt: *Ich lege dir jetzt meine Hand auf die Stirn. Ich werde von 21 bis 25 zäh-*

len, und wenn ich 25 sage, nehme ich meine Hand von deiner Stirn, und du öffnest deine Augen. Und sogleich beginnt er mit dem langsamen Zählen (mit oder ohne Eingabe der Gliederbewegung). Und beim Zurücknehmen der Hand von der Stirn wird der »Schlafende« unweigerlich die Augen öffnen.

Wenn man zur Untermalung der Rückführung Musik benutzt und diese mit dem Eintritt in den Fahrstuhl wieder zu Gehör gebracht hat, könnte diese nun nach Nennung der Zahl 25 etwas lauter gestellt werden. Ich lasse dem Zurückgekehrten etwa zwei bis drei Minuten Zeit, sich zu sammeln, bevor ich das Licht anschalte, das Fenster zum Lüften öffne und bei Gruppen sage: »Nachdem wir alle wieder zurückgekehrt sind, wollen wir uns in einen Kreis setzen und über unsere Erlebnisse berichten.«

Phantasie oder Wirklichkeit des Erlebten

Die Frage, ob das Gesehene bloßes Produkt der Phantasie und Imagination war oder ob etwas – und wenn: wieviel – daran wahr sein könnte, wird hauptsächlich von solchen Teilnehmern gestellt, die eine mittlere Tiefenstufe innerhalb von *Alpha* erleben. Diejenigen, die kaum oder gar nicht in den Alpha-Zustand gekommen sind, werden verständlicherweise meist kategorisch alles in Frage stellen oder verneinen. Doch jene, die sehr tief hinein geraten waren und alles plastisch miterlebten und -fühlten, werden kaum an der Realität des Erlebten zweifeln, vielmehr wird sich das Erleben der Wiederbegegnung mit den Vergangenheiten derart auf ihr Wissen und Verstehen auswirken, daß sie eine gewaltige Erweiterung erfahren und sich als eine Zusammensetzung beziehungsweise als ein Endprodukt vieler durchlebter Leben begreifen. Sie wissen, daß wir viel mehr sind, als sie bis jetzt gedacht haben. Mit dem Akzeptieren des Gesehenen als Realität vollzieht sich eine Bewußtseinserweiterung, die das Denken und Handeln einer erfolgreich zurückgeführten Person verändert und sie die Harmonie mit sich und der Welt finden läßt, nach der sich so viele Menschen sehnen. Diese Verwandlung werden Rückführungsleiter oft bei Rückgeführten feststellen, was sich schon anhand der Erstberichte und aus späterer Unterhaltungen oder (Dankes-)Briefen bestätigen läßt.

Erbrachte Beweise

Über die erbrachten Beweise für die Richtigkeit oder Unrichtigkeit der im Alpha- oder Theta-Zustand gesehenen Dinge könnte man ein ganzes Buch schreiben. Generell muß gesagt werden, daß, je tiefer sich jemand in *Alpha* befindet oder gar schon in *Theta* geraten ist, desto wahrhaftiger auch seine Angaben sind. Es sei in diesem Zusammenhang an *Dr. Bloxhams* (vgl. Jeffrey *Iverson* a. a. O.) Hypnose-Rückführungen gedacht, in denen Aussagen über Geschehnisse oder Lokalitäten gemacht worden waren, die entgegen aller Zweifel doch verifiziert werden konnten. So wurde zum Beispiel der Ort eines Brunnens aus dem Mittelalter genau beschrieben, den man aber erst fand, als man tief genug an der bezeichneten Stelle grub. *Prof. Helen Wambach*, die verdienstvolle amerikanische Forscherin auf diesem Gebiet, konnte die Echtheit des Ausgesagten anhand vieler ausgefüllter und später ausgewerteter Fragebögen, die Teilnehmer unmittelbar nach ihrer Reise in frühere Leben ausgefüllt haben, nachweisen. Unter anderem ließ sie die Zurückgeführten jeweils erleben, mit welchem Besteck sie in ihrem früheren Leben gegessen hatten. Und es ist tatsächlich in all den Tausenden von recherchierten Fällen nicht ein Fall aufgetaucht, daß jemand eine Gabel vor dem 14. Jahrhundert genannt hätte, denn diese gab es vor jener Zeit auf der ganzen Welt noch nicht. Auch den Kritikern, die oberflächlich über Rückführungen urteilen, daß sich die Zurückgeführten in ihren »Wunschleben« als Cleopatra und Napoleon erleben, kann Helen Wambach statistisch entgegenhalten, daß sich der Prozentsatz der wiedererlebten Leben hinsichtlich der sozialen Stellungen genau in den Proportionen bewegt, wie sie in den jeweiligen historischen Epochen vorgelegen haben. Wer sich mit Rückführungen intensiv beschäftigt, sollte die beiden Bücher (s. Literaturangaben) dieser großen Wissenschaftlerin unbedingt lesen. Dem Rückführungsleiter helfen sie, und sie vermitteln ihm größeres Wissen.

Indizien für die Echtheit des Erlebten

Wenn ich mir etwas zusammenphantasieren möchte, muß ich mir selbst Anstöße dazu geben, damit die Vorstellungskräfte aktiviert werden können, das heißt auch, daß die Bilder von mir bewußt ausgesucht werden. Ich leite sie ein und

ordne oder verändere sie ganz nach Belieben. In den Rückführungen jedoch tauchen die Bilder von allein auf. Sie erscheinen nicht als Folge von Wunschvorstellungen oder
Willensleistungen, sie drängen sich auf, sie sind einfach da
und lassen sich nicht verändern. Sie gestalten sich nicht
nach Willensgesetzen, sondern haben ihre eigenen Gesetze.
Beim katathymen Bilderleben – also beim phantasierten
Bilderleben – reihen sich die Dinge aneinander, die ich mir
vorstellen kann und will. Beim Erleben oder Ansehen früherer Begebenheiten im Alpha-Zustand kommen aber spontan Bilder, die ich mir vielleicht normalerweise nie vorstellen wollte oder könnte, weil sie mir nie in den Sinn kommen
würden und weil sie vollkommen unbekannt sind. Zum Beispiel könnte ich mich in einem Leben in Japan im 17. Jahrhundert sehen und einen Folianten in der Hand halten, in
dem ich italienische Verse gedruckt finde. Bin ich nicht tief
genug in Alpha, werde ich sogleich an der Richtigkeit des
Gesehenen zweifeln, weil der Verstand sofort sagt, daß es in
Japan keine europäischen Schriften gibt und ein Buch auf
italienisch schon gar nicht in Frage kommt. Wenn ich mich
aber tief im Alpha-Zustand befinde und der Rückführungsleiter die Umstände hinterfragt, wie ich zu diesem Buch gekommen bin, könnte sich herausstellen, daß ich zum Beispiel als Koch bei einem italienischen Missionar angestellt
war, der Bücher aus seiner Heimat mitgebracht hatte.

Das wirklich Erlebte ist immer richtig, auch wenn der
Verstand dagegen argumentiert. Der Verstand setzt sich
seine Vorstellungsbilder aus dem Stoff zusammen, den er
mit seinen fünf Sinnen erfassen und den er nachvollziehen
kann. Vom Verstand geleitete Phantasieprodukte können
sich manchmal wie Luftballons von der Erde erheben, bleiben aber an der Schnur mit ihr verhaftet, das heißt, der Verstand hat sie unter Kontrolle. Wie im Traum bewegen sich
die Luftballons im Alpha-Zustand ohne Schnüre. Ge-
träumte Bilder sind meist Bestandteile einer anderen Dimension jenseits der Zeit und des Raumes. Bilder aus vergangenen Leben sind die Wirklichkeit einer anderen Zeit,
nämlich einer vergangenen Zeit mit ihren Wirklichkeiten,

die heute vielleicht nicht mehr mit unseren nachvollziehbaren Vorstellungen übereinstimmen muß. Bei Phantasieprodukten erscheint das, was wir kennen oder was wir aus dem uns bekannten Stoff fabrizieren. In Rückführungen tauchen solche Bilder auf, die wir früher einmal gekannt haben. Es handelt sich um unverstellte Bilder, auch nicht um symbolische Bilder, wie wir sie wohl im leichten Alpha und beim katathymen Bilderleben erhalten.

Läßt man sich in den Theta- oder tiefen Alpha-Zustand in seine Jugend versetzen, so erlebt man nur das, was damals wirklich passiert ist ohne zusätzliche Phantasieprodukte. Will ich mich aber im Beta-Zustand, also im normalen Wachzustand, an ein in der Kindheit erlebtes Ereignis zurückerinnern, so werde ich es – vorausgesetzt, daß ich es im Gedächtnis, also im Tagesbewußtsein, präsent habe – bestimmt schon verfälscht haben durch meine Vorstellungen. Je mehr sich die wachbewußte linke Gehirnhälfte in das einmischen kann, was ich in der rechten Gehirnhälfte tief verankert und unverfälscht gespeichert habe, desto verschwommener oder manipulierter sind die Rückerinnerungen.

Befinde ich mich nur in einem leichten Alpha-Zustand, kann etwas, was durch die rechte Gehirnhälfte aus dem Unterbewußtsein ins Tagesbewußtsein gedrungen ist, Assoziationen bei der linken verstandesmäßigen Gehirnhälfte wecken. Tauchen zum Beispiel echte Bilder auf, in denen sich eine Pharaonin präsentiert oder bewegt, könnte das Ego sofort interpretieren und sagen: »Das bin ich« und nun selbst die Vorstellungskraft in Gang setzen, indem es das Szenarium mit Bekanntem bestückt. In Wahrheit war man vielleicht im alten Ägypten nur ein Nachttopfentleerer am Pharaonenhof, hat aber den Pharao vor sich gesehen, ohne mit ihm identisch zu sein. In wirklichen Rückführungen stehen wir uns meist nicht gegenüber, vielmehr stehen wir in uns selbst und erleben das Gesehene aus uns heraus, also aus den jeweiligen Gestalten, die wir früher waren.

Erinnern wir uns an Begebenheiten unserer Jugend, so werden in unserer Erinnerung Bilder oder Szenen wach.

Aber die Gefühle, die damals mit dem Erlebten einhergingen, bleiben unaktiv. Bei echten Rückführungen jedoch – und jeder Regressionstherapeut wird darüber berichten können – erinnern wir uns nicht nur unserer Gefühle, sondern wir erleben sie, als ob sie gerade stattfinden würden. Hier ist vielleicht das stärkste Indiz als Gradmesser für die Wahrhaftigkeit wiedererlebter Leben zu sehen. Tränen der Freude oder des Schmerzes können bei therapeutischen Einzelrückführungen beobachtet werden.

Phantasiegebilde, Assoziationen, Vermischungen von früherer Realität mit heutigen Realitäten – also chronologische und assoziative Herumpanschereien – sind nur in leichten Alpha-Zuständen möglich. Mit der jeweiligen Tiefe steigert sich das Unverfälschte, Unmittelbare, Echte.

Die sechs Tiefenstufen des Alpha-Zustandes

Das, was als Erlebtes vorgebracht wurde, bezieht sich natürlich auf Berichte jener Teilnehmer, die sich in einem tiefen Alpha-Zustand befanden. Nehmen wir für den Alpha-Zustand die Hertzfrequenzen zur Grundlage, die Prof. Senkowski für deren Eingrenzung zwischen Beta und Theta vorgenommen hat, also 13 bis 7 Hz, so können wir sechs Tiefengrade unterscheiden, die im folgenden skizziert werden sollen.

Kommen zu einer Gruppenrückführung hundert Personen, so werden immer zwei bis drei darunter sein, die ganz im Beta-Zustand bleiben. Sie wollen eventuell nichts erleben, sie sind vielleicht nur mitgekommen, weil andere sie dazu gedrängt haben. Dazu gehören auch Reporter, die geschickt wurden, um eine Story zu schreiben. Sie wollen ja nur den Vorgang konstatieren und sind meist nicht bereit, mit sich und in sich etwas vorgehen zu lassen.

Selbst solche Teilnehmer, die aus bloßer Neugier kommen, ohne inneres Engagement für ein Zurückgeführtwerden mitzubringen, zeigen schon eine kleine Offenheit für die Sache an sich und lassen sich daher meist in den ersten (13 Hz) der sechs Alpha-Zustände versetzen. Sie gehören schon zu den Empfänglichen. Von den eben erwähnten zwei bis drei Prozent Unempfänglichen abgesehen, darf man im allgemeinen als Gruppenleiter davon ausgehen, daß die meisten Teilnehmer generell bereit sind, mitzumachen, sei es aus Neugier (»Ich will mal sehen«) oder aus innerem Bedürfnis (»Ich will wissen«). Voraussetzung für ein positives Ergebnis ist die prinzipielle Offenheit der Sache an sich gegenüber und die innere Bereitschaft, mitmachen zu wollen. Bei der folgenden Aufgliederung gehen wir also davon aus, daß hundert Prozent der Teilnehmer diese Offenheit und innere Bereitschaft mitgebracht haben.

Die erste Stufe

Rund zehn Prozent aller Teilnehmer bleiben auf der ersten (13 Hz) der sechs Tiefenstufen des Alpha-Zustandes stehen, zumindest bei der ersten Rückführung. Bei wiederholten Rückführungen können viele auch in die nächsten Tiefenstufen gelangen, während einige ohne die Anwendung besonderer intensiver Trainingsmethoden nie über die erste Stufe hinaus gelangen. Bei diesem Teilnehmerkreis bleibt die vernunftorientierte linke Gehirnhälfte zu neunzig Prozent (Durchschnittswert) aktiv, während sich die gefühlsorientierte rechte Seite und das Unterbewußtsein nur zu zehn Prozent öffnen. Je nachdem, wie weit das Unterbewußtsein zugelassen wird, sind auch die Ergebnisse. Man sieht, vielmehr ahnt einige Bilder oder Eindrücke. Sie werden nie so deutlich, daß man etwas Genaueres erkennen könnte. Alles bleibt unscharf und ungenau. Sie erleben also gar nichts, sehen allenfalls Konturen oder Andeutungen. Ihre Reaktionen sind dementsprechend. Viele sind unsicher oder enttäuscht, andere sind ablehnend oder zweifeln an der Möglichkeit der Rückführung.

Auf dieser Stufe fühlt man sich, als wäre man hellwach, denn man hört alle Nebengeräusche und läßt sich durch vielerlei Umstände irritieren.

Die zweite Stufe

Auch die fünfzehn Prozent der Teilnehmer, die die zweite Alphastufe (12 Hz) erreichen, lassen sich meist noch treiben und sind noch durch Nebengeräusche leicht abzulenken, so daß es ihnen ebenfalls schwerfällt, immer voll dabeizusein. Sie sind oft wieder draußen und schalten dann wieder ein. Dieses ständige Wechseln läßt sie auch nur bis zu fünfundzwanzig Prozent die linke Gehirnhälfte abschalten. Doch das bewirkt in ihnen schon einiges, was sich deutlich von der ersten Stufe abhebt. Obwohl man die oft noch schemenhaften Bilder nicht festzuhalten vermag und diese noch keinen

Film ergeben, hat man gelegentlich deutliche Augenblicke. Sie sind zusammenhanglos, ergeben keinen Sinn, und somit stellt der Betrachter keine Beziehung zu sich selbst her. Sollte man Gesichter sehen, so sind sie meist noch unscharf, so daß man mehr erraten muß, wer sie sein könnten. Es fällt also schwer, sich ein Bild aus den Eindrücken zu machen. Da man noch keine Handlungen sieht, bleiben auch die Gefühle stumm bis unbestimmt. Sich selbst sieht man noch gar nicht, das heißt, man nimmt das Gesehene noch nicht aus sich selbst heraus wahr, man ist also noch nicht mitten drin, und die Bilder ziehen an dem geistigen Auge vorbei.

»Ich kann nichts Genaues sagen«, »Ich konnte nichts Bestimmtes sehen«, »Ich weiß nicht, ob das etwas zu bedeuten hatte«, »Ich hatte Schwierigkeiten, etwas festzuhalten«, »Ich vermute, daß dies oder jenes dies und das gewesen sein könnte«, sind häufig zu hörende Kommentare. Daß hier ebenfalls Zweifel aufkommen, ob das Gesehene wirkliche Bilder aus früheren Leben waren, liegt auf der Hand. Durch das Schwanken zwischen Hineintauchen in die Vergangenheit und das ständige Zurückkehren in die Gegenwart wechseln auch die gesehenen Bilder. Mal haben sie Gegenwartscharakter, mal sind sie bestückt mit Merkmalen aus vergangenen Zeiten, mal sind sie auch kombiniert aus Gegenwart und Vergangenheit. Deshalb wird auch hier noch von den Teilnehmern dem Gesehenen gegenüber Skepsis bewahrt.

Die dritte Stufe

Wer die dritte Stufe (11 Hz) erreicht hat, wird die Realität des Geschehen meist noch in Frage stellen, besonders im nachhinein, wenn die Erscheinungen verblaßt sind. Aber auf jeden Fall hat er eine Menge gesehen, und einiges wird er eventuell als wahre Begebenheit aus früheren Leben akzeptieren können. Fünfundzwanzig Prozent aller Teilnehmer erreichen bei einer Erstrückführung im Durchschnitt diese Stufe, auf der die linke Gehirnhälfte mit sechzig Prozent aktiv ist, während die intuitive Gehirnhälfte mit vierzig Prozent Beteiligung noch immer nicht voll ihr Potential zur Geltung bringen kann.

Wie auf allen sechs Stufen ist das Erlebte sehr unterschiedlich, und man müßte, wollte man alles im Detail aufschlüsseln, nochmals jeweils zehn Unterstufen beschreiben.

Obwohl man Störgeräusche noch weitgehend hört und sich noch ganz in der Gegenwart wahrnimmt, erscheinen schon ganze Bildfolgen, denen man seine Aufmerksamkeit widmet. Diese zusammenhängenden Bilder ergeben bei manchen Filmfetzen, bei anderen sogar längere Filmausschnitte. Obwohl diese schon in Farbe gesehen werden, fehlt jeglicher Ton, das heißt, man hört im allgemeinen noch keine Namen, erhält keine Daten oder sonstige Benennungen. Trotz dieser mehr oder weniger langsamen Stummfilm-Aneinanderreihungen bleiben die Teile Puzzles, die sich nicht aneinanderfügen wollen. Manchmal treiben die sechzig Prozent der linken Gehirnhälfte ihre Spielchen und setzen die Bilder willkürlich nacheinander, um ein Truggebilde darzustellen, das man im allgemeinen gleich als ein solches erkennt. Dadurch glaubt man, alles Gesehene sogleich als Lug und Trug abweisen zu können.

Die dritte Stufe erweist sich häufig als Assoziationsstufe. Es erscheinen Bilder und Bildfolgen aus den früheren Leben, aber der noch eingeschaltete Verstand heftet vertraute Bilder an die Wahrnehmungen und läßt sie dadurch als reine Phantasiegebilde erscheinen. Diese Betrügereien erkennt der Beschauer meist sofort als solche und weist sie zurück. Die dritte Stufe ist somit das Feld der Realitätspanschereien. Wahre Bilder werden assoziiert mit bereits historisch Bekanntem. Sieht man zum Beispiel einen bärtigen Mann mit weißem Gewand und Sandalen vor sich – also ein Wirklichkeitsbild aus irgendeinem antiken Leben – so könnte der Verstand sagen: »Der sieht doch wie Jesus Christus aus.« Deshalb schließt man daraus, daß man Christus vor sich hat. Und während weitere wahre Begebenheiten auftauchen, hat doch die Fehlidentifikation die Gedächtnisschublade des jetzigen Lebens aufgezogen – im Alpha-Zustand erinnert man sich leichter an gesehene Filme – und einen vor Jahren gesehenen Film hervorgeholt, der nun dem Wirklichkeitsgeschehen unter- oder übergeschoben wird, so daß die wahren Bilder fehlinterpretiert werden. Läuft einmal der »Falschfilm« auf vollen Touren, sieht man auch die Gesichter ganz genau, während man selbst nur Betrachter bleibt und allenfalls vermuten kann, wer man selbst gewesen ist. Nur ein Leichtgläubiger wird im nachhinein solche Trugbilder in seinem Ego-Trip als Wirklichkeit ansehen können.

Man nimmt eventuell schon Gefühle an anderen Personen wahr, bleibt aber selbst meist noch unberührt von Emotionen. Der Kontakt mit dem Höheren Selbst, so man ihn herstellen wollte, kommt noch nicht zustande, weil der Verstand noch keinen Besserwisser akzeptieren würde.

Die Reaktionen der Teilnehmer sind während des kritischen Betrachtens der Filmausschnitte amüsiert bis spottend reserviert, ohne dem Geschehen großen Wahrheitswert beizumessen. Dementsprechend sind auch die anschließend gegebenen Kommentare: »Ich glaube, daß ich alles nur phantasiert habe«, »Alles war so wie im Film X«, »Das kann nicht wahr gewesen sein, denn . . .«, »Ich kann das Gesehene nur teilweise als echt akzeptieren«, »Ich kann das Gesehene nicht als echtes Erlebnis annehmen«. Der Leichtgläubige indessen mag überzeugt sein, Jesus in seinem früheren Leben gesehen zu haben.

Sollte der Rückführungsleiter nach der CDE-Durchführung die Tiefe des Alpha-Zustandes durch den Armtest überprüfen wollen, indem er allen Teilnehmern suggeriert, daß ihr rechter Arm immer leichter wird und sich langsam in die Höhe hebt, so werden diejenigen, die sich auf der dritten Stufe befinden, sich selbst befragen: »Soll ich, oder soll ich nicht?« Meist lassen sie den Arm unbewegt liegen. Doch sollten sie ihn heben, dann geschieht es mit Genehmigung der linken Gehirnhälfte. Bei denen, die sich in den Stufen vier bis sechs befinden, hebt sich der Arm in jedem Fall, da der Verstand ab vierter Stufe überstimmt wird oder das Angeordnete nur noch passiv miterlebt (ab fünfter Stufe) oder gar nichts mehr zu sagen hat (sechste Stufe).

Die vierte Stufe

Wer die vierte Stufe (10 Hz) erreicht hat, akzeptiert in den meisten Fällen das Gesehene als Wirklichkeit von Geschehnissen in früheren Leben. Die vernünftige Gehirnhälfte ist mit vierzig Prozent zum erstenmal der rechten Gehirnhälfte (sechzig Prozent) unterlegen, womit das, was aus dem Unterbewußtsein emporsteigt und sich in Filmszenen darstellt, nur noch bedingt verfälscht werden kann. Dies macht sich noch besonders deutlich bei Jahreszahlen, die auf Geheiß zögernd bis spontan kommen, bemerkbar. Die Zusammenstellung kann noch verrutscht sein, so daß die gemeinte Jahreszahl 1724 in 1274 oder 1472 vertauscht wird, oder es wird eine Ziffer gar nicht genannt. Bei Namen verhält es sich ähnlich, indem sie oft nur undeutlich gegeben werden (»Ich glaube, ich hieß *Casor* oder so ähnlich«), manchmal aber eindeutig genannt werden.

Die Bilder und Filmfolgen sind sehr klar und logisch. Es tauchen nur selten Widersprüche und Anachronismen auf (Interaktionsversuche der linken Gehirnhälfte). Deshalb versucht man auch nicht mehr, den Film anzuhalten, um das Gesehene in Zweifel zu ziehen und zu überdenken. Man akzeptiert das Geschehen als möglicherweise wahr. Hier nimmt man sich meist schon in der Handlung wahr. Man betrachtet das Geschehen aus sich heraus, sieht sich also nur selten vor-gestellt und könnte sein Gesicht nur in einem Spiegel betrachten. Die Emotionen beteiligen sich am Geschehen. Man empfindet, wenn man in der Wüste am Verdursten war, wenn auch nur schwach, den Durst. Gefühlsregungen zu anderen Personen werden nachempfunden, wenn auch noch nicht in ganzer Fülle. Das damals Gefühlte oder Erlittene kann wohl ungefähr nachempfunden werden, ohne daß der Betreffende davon erschüttert oder mitgenommen wäre. Jedoch werden diese mitschwingenden Gefühle eindeutig registriert. Auch gelingt es, innerhalb eines wahrgenommenen früheren Lebens vor- oder rückwärts zu gehen, um sich spätere oder frühere Erlebnisse anzusehen. Das Höhere Selbst vernimmt man auf seine Fragestellung hin wie aus weiterer bis kürzerer Entfernung und erhält ungenaue bis genaue Andeutungen und Aussagen.

Die Reaktionen der Betreffenden sind während der Filmabläufe meist passiv. Die Geschehnisse lassen sich noch nicht ganz und plastisch nachvollziehen. So sehen sie zum Beispiel, wie man sie als Hexe auf einem Scheiterhaufen anbindet und das Feuer anzündet. Sie spüren eventuell ein wenig Schmerz an den Füßen, aber sie empfinden noch nicht den damals empfundenen Schmerz in aller Realität nach. Oder sie streicheln ein Pferd, vermögen aber noch nicht das ganze Tastempfinden nachzuvollziehen.

Nachdem die Teilnehmer aus dieser vierten Stufe in die heutige Realität zurückgekehrt sind, äußern sie sich unter anderem folgendermaßen: »Ich habe klare Bilder gesehen, doch weiß ich nicht, ob alles wahr gewesen ist«, »Ich bin überrascht, ich hätte nie geglaubt, daß ich alles so deutlich vor mir sehen könnte«, »Ich glaube, daß das, was ich gesehen habe, wahr gewesen sein kann«. Während sich im nachhinein besonders bei vernunftorientierten Männern doch wieder Zweifel an dem Wahrheitsgehalt des Gesehenen anmelden, neigen Frauen dazu, das Geschaute als Realität aus früheren Leben zu akzeptieren und zu sagen: »Ja, so kann es gewesen sein.« Wer jedoch eine der beiden folgenden Stufen erreicht hatte, wird sich mit einem eindeutigen Ja zu dem Realitätsgehalt des Gesehenen bekennen.

Die fünfte Stufe

Auf der fünften Stufe (9 Hz) ist für den Betreffenden der Realitätsgehalt des Erlebten derart überzeugend, daß er sich auch dem Geschehen unkontrolliert übergibt, da die linke Gehirnhälfte nahezu ohnmächtig ist. Mit fünfundsiebzig Prozent tritt nun die rechte Gehirnhälfte in den Vordergrund, und das Filmmaterial läßt in seiner Plastizität und Augenblicklichkeit nichts zu wünschen übrig. Der Betreffende lebt in seiner Rolle. Er erlebt das Geschehen hautnah.

Er empfindet Schmerzen, läßt sich aber selten zu Reaktionen wie Tränen oder Stöhnen hinreißen. Freudige Ereignisse rufen auf seinem Gesicht ein Lächeln hervor. Neben dem Seh- und Tastsinn kommen nun auch die übrigen drei Sinne zur Geltung. Die Zahlen erscheinen spontan und exakt, selbst die kompletten Geburtszahlen samt Ort und eventueller Geburtszeit. (Letzter Umstand dürfte für die Wissenschaft von astrologischen Konstellationen in früheren Leben von großem Wert sein, da man oft erkennen wird, daß das Grundmuster des heutigen Geburtshoroskops demjenigen in früheren Leben entspricht.) Ist das Höhere Selbst vorher gebeten worden, bei erscheinenden Personen und deren Namen gegebenenfalls ihre Identifikation im heutigen Leben zu offenbaren, so wird man sogleich die entsprechenden Personennamen hören und später alle karmischen Verknüpfungen und gemeinsamen Aufgaben damals wie heute erläutert bekommen. Man kann trotz des Mitgehens in der früheren Handlung sofort eine distanzierte Betrachterrolle zu dem Gesehenen einnehmen, wenn man dazu aufgefordert wird. Ist man aber beim oder im Geschehen, so vergißt man seine mögliche Betrachterrolle. Wenn der Betreffende nicht dazu aufgefordert wird, analysiert er auch nicht mehr die Situationen und Erscheinungen, da der Wirklichkeitseffekt ihn ganz gebannt hält. So können ihn Geräusche – sei es ein Schnarchen des Nebenmannes oder ein vom Wind zuschlagendes Fenster – kaum irritieren. Aber es kommt vor, daß ihn ein entferntes Glockenläuten zu einer Szene im früheren Leben führt, in der ebenfalls Glocken geläutet haben. Auch wenn der Rückführungsleiter den Raum für ein paar Minuten verlassen sollte, wird dies den auf der fünften Stufe befindlichen nicht mehr irritieren, da das Filmmaterial unerschöpflich zu sein scheint und immer mit neuen Szenen oder Situationen aufwartet. Der Teilnehmer kann den Wahrheitscharakter des Nachvollzogenen voll akzeptieren, und er kennt auch die Zusammenhänge, in denen für ihn keine Widersprüche mehr auftauchen.

Die Reaktionen der in die Gegenwart Zurückgekehrten drücken zumeist Überraschung und Beeindrucktsein aus:

»Ich hätte nie gedacht, daß ich alles so realistisch nacherleben könnte«, »Ich hätte es mir nie so auszumalen gewußt«, »Ich weiß, daß das Geschehene wahr ist«, »Ich zweifle nicht am Erlebten«. Mag auch – was nur selten geschieht – bei manchen Männern im nachhinein noch ein leiser Zweifel bei der ein oder anderen gesehenen Situation auftauchen, so sind selbst bei ihnen, wenn sie bei einer wiederholten Rückführung die sechste Stufe erreichen sollten, alle Zweifel restlos verflogen, denn daß die Reinkarnation ein Faktum ist, daran wagt keiner mehr zu rütteln, auch wenn alle Wissenschaftler dieser Welt beweisen wollten, daß diese nur ein Produkt von Wunschvorstellung und Einbildung sei.

Die sechste Stufe

Für jeden Rückführer ist es eine besondere Freude, Teilnehmer auf diese Stufe rückgeführt zu haben. Jeder, der sich einmal auf dieser Stufe sah, ist von der Reinkarnation voll überzeugt, denn anders könnte er sich dieses Phänomen des völligen Wiederhineinversetzens in einst gelebte Leben nicht erklären. Nehmen wir für die Tiefencharakterisierung der sechsten Stufe (8 Hz) an – sie wird etwa von zehn Prozent der Teilnehmer erlebt –, daß das Unterbewußtsein zu neunzig Prozent aktiv ist, während die kontrollierende vernunftgeprägte linke Gehirnhälfte so gut wie ganz in ihrer Einwirkungsmöglichkeit ausgeschaltet ist, so konstatieren wir auch auf dieser Stufe mehrere Zwischenstufen, die sich aufgliedern zwischen Noch-Integrierung äußerer Geräusche in das Wiedererlebte bis zur völligen Geräuschunempfindlichkeit von gegenwärtigem Lärm und zwischen Noch-Schmerzempfindlichkeit bis zur völligen Schmerzunempffindlichkeit (sollte man zum Beispiel einen Test mit einer Nadel an ihnen vornehmen). Mit diesem Zustand grenzen die Zurückgeführten an den durch Hypnose herbeigeführten *Theta-Zustand* an, ja einigen (vielleicht zwei bis drei von hundert) gelingt es sogar, in diesen einzutauchen. Die Grenze für den Theta-Zustand wäre eben die völlige

Schmerz- und Lärmunempfindlichkeit. Auf der sechsten Stufe angekommen, befindet man sich fast vollkommen losgelöst von der Gegenwart, so daß sich der Rückführungsleiter hüten muß, Worte und Bezeichnungen (etwa Flugzeug, Pakistan, Atombombe) zu gebrauchen, die vor hundert Jahren oder davor unbekannt waren, denn der Zurückgeführte wüßte mit solchen Bezeichnungen nichts anzufangen und würde in einer Einzelsitzung, in der er aufgefordert ist, zu sprechen, unweigerlich sagen: »Was ist das?« oder »Das kenne ich nicht.« Es passiert manchmal, daß er den Rückführungsleiter fragt: »Wer bist du eigentlich?« Entgegnet man, daß man ein ihm gewogener Besucher oder ein Freund ist, so ist er vollauf zufriedengestellt und überläßt sich dem Wiedererlebten, das ihn ganz gefangenhält. Dieses Gefangensein in der Handlung kann besonders bei Gruppenrückführungen so weit gehen, daß er auch zeitweise die Worte des Rückführungsleiters überhört, nur um den Rausch des Wiedererlebten nicht unterbrechen zu lassen. Er ist nicht mehr ein Beobachter, wie es mehr oder minder bei vorhergehenden Stufen noch der Fall war, sondern er ist völlig integriert in seinem früheren Leben. Die frühere Zeit ist für ihn zur Jetzt-Zeit geworden, er erlebt sie so, wie er sie im Wachzustand erleben würde. Es kann also vorkommen – wie wir es im Theta-Zustand häufiger vorfinden –, daß er jetzt andeutungsweise bis fließend in einer ihm fremden Sprache spricht, und er könnte eine Frage ohne weiteres in der heutigen oder in jener früheren Sprache beantworten. Parapsychologen sprechen im letzteren Fall von Telepathie (und sie ist nicht von der Hand zu weisen, sind wir doch im tiefen Alpha-Zustand äußerst medial).

Auf den Gesichtern der Zurückgeführten spiegelt sich das erlebte Geschehen. Und in Einzelrückführungen, in denen man sich äußern darf, kommt es zu Gesten (Ballen der Faust, Hochheben von Händen), zu Gefühlsausbrüchen und Artikulationen (Schreien, Weinen, Fluchen). Wer diese unmittelbaren und oft dramatischen Erlebnisschilderungen miterlebt hat, ist von deren Echtheit voll überzeugt. Auch Kassettenaufnahmen von Einzelsitzungen schlagen den Zuhörenden noch in Bann und können in ihm den Wunsch wecken, ebenfalls einmal so unmittelbar frühere Leben wiedererleben zu können. Es liegt auf der Hand, daß den in diesem Tiefenzustand geäußerten Aussagen der größte Wahrheitswert beizumessen ist, so daß man den genannten Namen, Ort und Daten vertrauen darf und bei Überprüfung der Fakten in den meisten Fällen Verifizierungen erfolgreich durchgeführt werden können.

Fragt man den in diesem Zustand Befindlichen nach seinem Höherem Selbst, so kann es sein, daß er mit dieser Bezeichnung nichts anzufangen weiß, da er ja in der wiedererlebten Zeit nicht weiß, was das Höhere Selbst ist. Somit muß der Rückführungsleiter ihn erst aus dem unmittelbaren Geschehen (nicht aus dem Alpha-Zustand) herausholen, indem er sagt: *Stelle dich auf einen Berg und blicke von dort auf dein Leben zurück. Wie beurteilst du dein Leben (deine Handlungen, dich selbst)? ... Du wirst dich erinnern, daß du über ein höheres Selbst verfügst, das jenen Teil des Göttlichen und damit des All-Wissenden in dir repräsentiert. Dein Höheres Selbst kann dir über alles Auskunft erteilen. Frage es also, was du wissen willst ...*

Natürlich wäre es zuerst besser, wenn der Rückführungsleiter für den Rückgeführten die Anfangsfragen einleiten würde, etwa: *Frage dein Höheres Selbst, was du in deinem Leben lernen solltest (oder warum du dieser Person begegnen oder jene Situation erleben mußtest).* Ist auf diese Art der Kontakt vermittelt worden, wird der Betreffende über sich und seine früheren Leben sowie über all seine karmischen Verflechtungen vom Höheren Selbst Schätze an Offenbarungen vermittelt bekommen, die über alle Mutmaßungen hinausgehen. Selbst ein erfahrener Rückführungsleiter wird daraus immer wieder hinzulernen und über die Wunder der göttlichen Vorsehungen staunen.

Die aus diesem Zustand Zurückgekehrten hätten kaum eine Erinnerung an das Vorgefallene, wenn ihnen nicht die Programmierung des Im-Gedächtnis-behalten-Könnens eingegeben worden wäre. Typisch für sie ist es, daß sie ein völlig anderes Zeitgefühl haben. Denn obwohl sie vergangene Zeit erlebten, befanden sie sich in einer Zeitlosigkeit und können die in der Zwischenzeit verstrichene gegenwärtige Zeit nur schätzen. Dieses Phänomen können wir auch schon in der vierten und fünften Tiefenstufe beobachten. In der sechsten Stufe wird zumeist eine viel kürzere Zeit angegeben, obwohl die Fülle des Erlebten (die bei späterer Aufzeichnung ein ganzes Oktavheft füllen kann) für das Gegenteil sprechen müßte. Sollten während einer Rückführung mehrere Leben aufgesucht worden sein, so können die, die sich in der fünften und sechsten Stufe befanden, nicht immer unterscheiden, welche der gesehenen Leben zuerst oder zuletzt gesehen worden waren. Hier können bei Berichten Verwirrungen entstehen. Deshalb sollte der Rückführungsleiter immer wieder nachfragen.

Die Reaktionen der Zurückgekehrten sind sehr unterschiedlich, je nachdem, inwieweit sie sich schon darüber im klaren sind, was mit ihnen geschehen ist. Hier lauten oft spontane Berichte »Ich zittere noch«, »Ich sehe meinen Vater, der mein heutiger Mann ist, noch genau vor mir«, »Mein Atem hat sich auch jetzt noch nicht von dem Davonrennen in der Schlacht beruhigt«, »Ich brauche noch Zeit, um darüber berichten zu können«. Sind sie sich über das Geschehene klargeworden, dann äußern sie sich folgendermaßen: »Für mich war alles Wirklichkeit«, »Ich weiß, daß alles so geschehen ist, wie ich es erlebt habe«, »Mir ist jetzt vieles über mich (und meine heutigen Beziehungen) klargeworden«, »Mein Höheres Selbst hat mich über meine karmischen Verknüpfungen aufgeklärt«, »Ich bin überwältigt von dem Erlebten. Ich brauche noch viel Zeit, um alles zu verkraften und auszuwerten«. Das von ihnen Erlebte und Erfahrene bewirkt nicht nur eine generelle Bewußtseinserweiterung, sondern wird immer eine Sternstunde ihres jetzigen Lebens bleiben. Die Dankbarkeit für dieses Erlebnis als Erfahrungs- und Wissensbereicherung ist oft überschwenglich und ist Ausdruck für die Bedeutung einer gelungenen Rückführung. Ein derartiges Erlebnis vermag den Menschen zu seinen Gunsten verändern. Er kann verständnisvoller, demütiger, wissender, aber auch liebevoller werden.

Übersicht über die sechs Tiefenstufen des Alpha-Zustandes

Tiefen-stufen	Hz-Wellen	Gehirnhälften links (Vernunft)	rechts (Unterbe-wußtsein)	von 100% der Teil-nehmer	Merkmale und Reaktionen
I	13	90	10	10	Ungenaue und nur kurz auftau-chende Bilder und Eindrücke. Reaktion: „Ich habe nichts gese-hen." Ablehnung, Ignorierung.
II	12	75	25	15	Kurze, doch gut erkennbare Bilder. Gesichter unscharf. Vermischun-gen von Gegenwart und Vergan-genheit. Reaktion: „Ich weiß nicht, ob das etwas zu bedeuten hatte." Skepsis, Unglaube
III	11	60	40	25	Erscheinen ganzer Bildfolgen. Klare Bilder und Gesichter. Assoziierung mit bereits Bekann-tem. Vermischung zu Phantasie-spielereien. Betrachterrolle. Reaktion: „Das kann nicht wahr gewesen sein." Zurückweisung, Zweifel.
IV	10	40	60	25	Deutlicher Filmablauf. Man be-trachtet den Film aus sich als Teil-nehmer heraus. Wahrnehmung von Gefühlen. Ungenaue Durchsagen des Höheren Selbst. Reaktion: „Ich glaube, daß das Er-lebte wahr gewesen sein kann." Teilweise Akzeptierung.
V	9	25	75	15	Man erlebt das Geschehen als Wirklichkeit. Integration aller fünf Sinne. Zahlen und Namen erschei-nen oft spontan. Das Höhere Selbst erteilt klar Auskünfte. Identifika-tion früherer Personen mit heuti-gen. Reaktion: „Ich weiß, daß das Erlebte wahr war." Völlige Akzeptierung.
VI	8	10	90	10	Völlige Integration in die Hand-lung, Körper- und Gefühlsreaktio-nen. Genaue und überprüfbare Faktenschilderung. Verschiebung des Zeitgefühls. Offenbarungen durch das Höhere Selbst. Reaktion: „Ich bin überwältigt von dem Erlebten." Identifizierung.

Vorbereitung und Intensivierung des Rückführungserfolges

Im allgemeinen steigern und intensivieren sich die Ergebnisse der Rückführung mit der Häufigkeit der Durchführungen. Wer in den ersten beiden Rückführungen nur die zweite Tiefenstufe erreichte, kann bei der dritten Rückführung schon auf die dritte Stufe gelangen und so weiter. Die allmähliche Tiefensteigerung bei wiederholten Rückführungen erlebe ich immer wieder in meinen Seminaren. Jemand, der nach drei Rückführungen noch nichts gesehen hat, kann bei der vierten Rückführung plötzlich den Durchbruch schaffen. Aber manchmal reichen auch nicht vier oder acht Rückführungen, und man hat erst mit der zehnten oder zwanzigsten Rückführung Erfolg. Da es für viele aus zeitlichen oder finanziellen Gründen nicht möglich ist, zehn oder zwanzig Rückführungen in Gruppen- oder Einzelsitzungen mitzumachen, empfehle ich die Selbstrückführung mit Kassette, wie ich sie noch in diesem Buch beschreiben werde.

Es gibt jedoch einige Techniken, die es uns ermöglichen, den Rückführungserfolg vorzubereiten oder zu verbessern. Ich habe die Vorzüge des autogenen Trainings schon erläutert. Je intensiver ich mir beim CDE-Vorgang die Zahlen und die massierenden Hände wie die massierten Körperteile vorstelle, desto schneller gelingt es mir, die linke Gehirnhälfte an die Kette zu legen. Mit dieser Narkotisierung der kontrollierenden Vernunftinstanz habe ich zwar die Voraussetzung geschaffen, daß das Unterbewußtsein sich mehr oder minder öffnen kann, aber dessen gespeichertes Volumen muß sich in meiner Vorstellungskraft in Bilder umsetzen, damit ich sie registrieren kann. Das Unterbewußtsein speichert nicht Bilder unserer früheren Leben, sondern wie bei elektromagnetischen Digitalsystemen nur Plus- und Minuseinheiten, Impulse also, die sich erst wieder zu Bildern zusammensetzen. Und das, was sich uns in früheren Leben nicht eingeprägt hat, das heißt, nicht bewußt oder unbewußt eingegeben wurde, ist auch in unserem Unterbewußtsein nicht vorhanden. Um die Umsetzung der gespeicherten Eingaben – es sind mehr als »Millionen hoch Millionen« Plus-Minus-Impulse – in unserem Vorstellungsapparat zu verbessern, gibt es einige Hilfen, die ich kurz darstellen möchte.

Gedächtnistraining

Das Gedächtnistraining fördert die Konzentrierung, das heißt auch, daß verstreute Gedankeneinheiten zu einem Zentrum, einer Mitte, geführt und zu einem Bild zusammengefaßt werden können, wie auch Zurückliegendes in die Gegenwart gerufen werden kann. Zugleich wird mit einem Gedächtnistraining das Unscharfe in Fokus gebracht, so daß es von unserer Vorstellungskraft klar gesehen wird. Wer in seinen Gedanken zerstreut ist, muß Disziplin und Ordnung üben. Die Herstellung solcher Konzentration ist meist ein Akt des Wollens, und dieser wird oft von der linken Gehirnhälfte, dem Verstand, zur Konzentrierung aufgerufen. Ist das jedoch zur Selbstverständlichkeit geworden, so bedarf es der kontrollierenden Vernunft nicht mehr – ein Umstand, der natürlich für die Versetzung in den Alpha-Zustand von großer Bedeutung ist, da wir in diesem die linke Gehirnhälfte blockieren, wenn nicht gar narkotisieren wollen. Somit kann jegliche Art von Gedächtnistraining für die Rückführung förderlich sein.

Visualisationsübungen

Da es sehr viele Möglichkeiten gibt, die Konzentration zu trainieren, möchte ich eine Visualisationsübung vorstellen, die von jedem ohne weitere Anleitung durchgeführt werden kann.

Man setzt sich entspannt – nachdem alle Störfaktoren

weitgehendst ausgeschaltet sind – auf einen Stuhl und schließt die Augen. Nun versucht man sich eine brennende Kerze vorzustellen und behält sie so lange wie möglich im Blickpunkt. Am Anfang könnte es schwerfallen, die Kerze länger als einige Sekunden vor sich zu sehen. Aber mit der Zeit steigert sich die Zeit. Wenn man es geschafft hat, die Kerze (auch jeder andere Gegenstand wäre natürlich möglich, aber das Licht einer Kerze eignet sich besonders gut) eine halbe Minute zu visualisieren, stellt man sich eine zweite brennende Kerze vor. Wenn beide dreißig Sekunden »gehalten« werden können, dann kann man eine neue Kerze hinzufügen. Später könnte man den Kerzen verschiedene Farben zudiktieren. Auch könnte man sie in eine gewisse Anordnung bringen (in eine Linie, in einen Kreis, in ein Oval, Dreieck) und ihnen unterschiedliche Farben geben oder das Licht der einen oder anderen auspusten.

In vielen Meditationsanleitungen werden auch Techniken zur Visualisierung dargeboten. Das Beispiel von den Kerzen zielt auf die Visualisierung »eines Bildes«, das man sich beliebig lange vorstellen kann.

Katathymes Bilderleben

Als nächste Stufe einer Vorbereitung für einen Rückführungserfolg dient das katathyme Bilderleben, wie es von Professor Hanscarl Leuner dargestellt wurde.[10] Hier konzentrieren wir uns nicht auf ein einziges Bild, sondern wir versuchen uns einen zusammenhängenden Film vorzustellen. Die Möglichkeiten des sich Vorzustellenden sind natürlich unendlich groß. Deshalb möchte ich nur ein Beispiel geben.

Man setzt (oder legt) sich entspannt hin und schließt die Augen. Dann stellt man sich vor, daß man auf einer Blumenwiese steht. Man bückt sich und sieht sich die eine oder andere Blume genau an (Sehsinn). Dann riecht man ihren Duft (Geruchssinn). Man hält die Hand auf und läßt einen Schmetterling (oder einen Vogel, einen Käfer) sich darauf niedersetzen, betrachtet ihn genau und fühlt sein Gewicht

(Tastsinn). Man geht an einen Bach und hört sein Rauschen (Gehörsinn). Schließlich beugt man sich herab und trinkt von dem Wasser (Geschmackssinn).

Solch eine Übung muß nur zehn Minuten dauern, doch konsequent jeden Tag einmal durchgeführt, wird man sein Vorstellungsvermögen nach ein oder zwei Wochen derart verbessert haben, daß man bei einer Rückführung unweigerlich mehr Erfolg hat. Es ist wichtig, bei dieser Art des katathymen Bilderlebens die Fünf Sinne in den vorgestellten und selbstproduzierten Film mit einzubeziehen, damit auch bei einer Rückführung in ein früheres Leben alle Sinne wahrnehmungsfähig sind.

Welche Ursachen liegen jedoch bei denen zugrunde, die sowohl das autogene Training wie auch die Visualisierungen und das katathyme Bilderleben bestens durchführen können, jedoch bei Rückführungen nichts oder nicht genug erkennen?

Sperrungen

Auch das Unterbewußte kann sich trotz der Blockierung der linken Gehirnhälfte nicht völlig oder gar nicht öffnen, wenn unbewußte (oder bewußte) Riegel vorgeschoben sind. Zu solchen Sperren gehören Ängste, die religiösen Ursprung haben. In der Jugend könnte der Religionslehrer, der Pastor oder die Eltern suggeriert haben, daß es keine Reinkarnation gibt und daß derjenige, der daran glaubt, für ewig in der Hölle gemartert wird. Hier wäre eine therapeutische Rückführung in die Jugend zur Aufklärung und Beseitigung der initiierten Ängste vorzunehmen.

Ich kann aber auch in einem früheren Leben (meist im letzten oder in einem der letzten) etwas Entsetzliches begangen haben, und im Unterbewußtsein sitzt die Angst, daß es ans Tageslicht kommen könnte. Hier bestehen also Blockaden, die nur schwer zu lösen sein werden. Nähme ein Polizist so eine Rückführung an einem vor, würde sich das Unterbewußtsein sicherlich noch mehr sträuben, etwas preiszugeben, als bei einem Rückführungsleiter, der großes Vertrauen erweckt und Mut zuspricht.

Auflösung von Blockaden

Zwei Mittel haben sich bewährt, um Blockaden des Unterbewußtseins zu sprengen. Als erstes ist die Atemtherapie[11] zu nennen, bei der körperliche Blockaden durch bewußtes »Hineingehen« aufgelöst werden, womit meistens gleichzeitig eine psychische Befreiung von Stauungen einhergeht.

Die zweite Lösungstherapie von seelischen Blockaden ist unter dem Namen Rebirthing[12] (= erneute Geburt + Neugeburt) bekannt geworden. Bei einem Rebirthing erlebt man den Vorgang seiner eigenen letzten Geburt nochmals mit allen Schmerzen und Schocks und kann sich durch das Wiedererleben und anschließende Bewußtmachen der Geschehnisse von vielen heutigen Problemen, die aus dem Geburtsvorgang hervorgegangen sind, lösen. Zugleich werden oft andere Emotionen und Traumata freigesetzt. Auf jeden Fall öffnet man sich und kann mit Hilfe eines Therapeuten angestaute Emotionen freisetzen. Wer erfolgreich eine Rebirthingtherapie absolviert hat, wird keine Schwierigkeit mehr haben, sich in frühere Leben zurückführen zu lassen.

Verdrängungen

Man kann Dinge aus einem früheren Leben verdrängt haben, um nicht selbst mit einer vormals begangenen abscheulichen Tat wieder konfrontiert zu werden, womit man ja das schlechte Gewissen wieder aktivieren würde. Liegen solche Ängste vor, kann sich das Unterbewußtsein bei der Rückführung in jene speziellen Leben verschließen, oder es versperrt sich generell, um überhaupt nicht die Möglichkeit erst aufkommen zu lassen, an vergangene Leben zu rühren. Diese Selbstschutzmaßnahmen des Unterbewußtseins verschließen somit wichtige Dinge, die jedoch erlöst sein müssen, damit die Seele frei werden kann.

Ein anderer Grund, weshalb man nichts oder nur wenig in Rückführungen sehen kann, liegt darin, daß der Betreffende aus karmischen oder höheren Gründen nichts sehen oder noch nicht sehen darf, weil er seine Aufmerksamkeit noch nicht auf diese Dinge lenken soll. Möglicherweise stehen für ihn noch andere Dinge im Vordergrund. Ich möchte das an einem Beispiel erläutern:

Jemand, der unbedingt seine früheren Leben kennenlernen möchte und vergeblich Rückführungskurse oder Einzelrückführungen besucht hat, kann von dem Ehrgeiz oder dem Wunsch gepackt werden, so lange seine Versuche nicht aufzugeben, bis er das Erwünschte erreicht hat. Er könnte viele Bücher lesen, viele Seminare besuchen und sich dabei ein großes Wissen aneignen. Vielleicht lernt er durch sein Interesse andere Methoden kennen, denen er nie begegnet wäre, wenn er gleich bei der ersten Rückführung seine Neugier »befriedigt« hätte. Umwege sind oft die Wege, die uns am weitesten bringen. Wir müssen lernen, höhere Planung zu respektieren und zu akzeptieren. Wer in Rückführungen trotz vorbereiteter Anstrengung noch nichts erleben sollte, der sollte sich vor dieser Entscheidung beugen und sich trotzdem über die Erfolge, die er bei anderen wahrnimmt, freuen. Er ist kein schwarzes Schaf, das durch Nichterleben seiner Vorvergangenheiten bestraft wird. Alles hat einen höheren Sinn. Mit dem Akzeptieren – nicht Kapitulieren – ist man zugleich auf der spirituellen Entwicklungsleiter um eine Sprosse nach oben gestiegen.

Die erste Inkarnation

Es gibt aber noch andere Gründe, die jemanden trotz bester Vorbereitung und Voraussetzung an einem Erfolg bei einer Rückführung hindern können. Vielleicht erlebt er mit diesem Leben seine erste Inkarnation als Erdenbürger. Handelt es sich um eine erste Inkarnation als Mensch überhaupt, so ist er – aus dem menschlichen Blickpunkt gesehen – eine »junge Seele« im Gegensatz zu jenen, die vielleicht schon mehr als hundert Erdenleben hinter sich haben. Diese jungen Seelen müssen nicht besser oder schlechter als die älteren Seelen sein, denn die Verstrickungen in Karma stehen für die Betreffenden noch an, oder sie entwickeln sich. Von etwa hundert Menschen dürfte höchstens einer ein »Erstling« sein. Ebenso kann es vorkommen, daß jemand nur das vorangegangene Leben sieht, nicht aber ein davorliegendes, da er eben bisher nur ein Leben oder eine kurze Anzahl von Erdenleben durchlebt hat. Sollte jemand jetzige Personen in früheren Leben trotz einer tiefen Alpha-Stufe nicht sehen können, so könnte es sein, daß er oder die gesuchte Person früher noch nicht auf Erden vorhanden war.

Bürger fremder Erden

Es gibt noch eine andere Erklärung dafür, daß man – trotz ausreichender Alphatiefe – keine früheren Erdenleben sieht: Man war ganz einfach bisher ein Bürger fremder Planeten, dessen Heimat sich Milliarden von Kilometern entfernt befunden hat. Dieser könnte zum ersten Mal auf Erden leben oder auch noch einmal hierher zurückgekommen sein, nachdem er vor Jahrhunderten oder Jahrtausenden schon ein oder mehrere Leben auf dem Planeten Erde absolviert hatte. Rückführungsleiter haben in ihren Formulierungen darauf zu achten, daß auch solche vormals Außerirdischen die Möglichkeit erhalten, ihre früheren Leben wieder erleben zu können. (In meinen Seelenreise-Seminaren für Fortgeschrittene gehen wir außer den zukünftigen und parallelen Leben insbesondere den außerplanetarischen Leben nach.) Außerirdische sind meistens alte Seelen und haben besondere Aufgaben auf Erden zu erfüllen, die zum Segen der Menschheit beitragen. Sie erreichen auch meistens schon bei der ersten Rückführung eine tiefe Alphastufe und können – wenn nicht eine Schutzsperrung in ihr Unterbewußtsein mit einprogrammiert worden ist – im Detail über ihre früheren Leben berichten. Oft stehen solche Besuchsinkarnationen im unbewußten (selten bewußten) Rapport mit Außerirdischen, die sich im Aurafeld der Erde aufhalten. Das von den Betreffenden in Rückführungen Erlebte ist für sie selbst überwältigend, aber sie können diese Offenbarungen meist sehr schnell akzeptieren, hatten sie doch schon eine Ahnung, daß etwas Besonderes mit und in ihnen vorgeht.

Die Gruppenrückführung

Wem das Verdienst gebührt, die erste erfolgreiche Gruppenrückführung vorgenommen zu haben, ist mir nicht bekannt.
Aber ich schätze, daß dies vor nicht länger als dreißig Jahren
geschehen ist und daß das Geburtsland die Vereinigten
Staaten von Amerika gewesen sein könnte. Vielleicht ist
auch die Methode im Fernen Osten oder bei Naturvölkern
schon altbekannt.

Die Gruppenrückführung bietet dem Teilnehmer Gelegenheit, für einen relativ geringen finanziellen Betrag zu erfahren, worum es im allgemeinen und mit ihm im besonderen geht. Er erhält die Chance, einzusteigen in einen gemeinsamen Bus, der ihn an seinen jeweiligen Haltestellen
absetzt und dann wieder aufliest. Die Besuche in seine Vergangenheiten werden ihm nicht nur Aufhellungen über
seine früheren und sein jetziges Leben bescheren, sondern
werden ihm außer der Bewußtseinserweiterung auch das
Gefühl für eine erweiterte Dimension vermitteln, die über
die Grenzen unseres augenblicklichen Lebens weit hinaus
ragt und uns damit zugleich die Gewißheit gibt, daß wir
schon unendlich lange vorhanden, wenn nicht gar unsterb-
lich sind.

In der Gruppenrückführung hat der Teilnehmer die Gelegenheit, sich mit einbringen zu können. Er schließt Kon-
takte, die oft über das Seminarerlebnis hinausreichen, und
trägt dazu bei, ein Schwingungsfeld zu schaffen, das, so es
positiv ausgerichtet ist, die Atmosphäre in der Gruppe erhöht. Im allgemeinen kann man sagen, daß die Vielzahl der
Teilnehmer in einer Gruppe nicht den Erfolg beeinträchtigt,
daß sogar eher die positiven Schwingungen die vielleicht
weniger positiven erhöhen. Wohlgemerkt, diese Feststellung bezieht sich auf offene Gruppen, die von jedem aufgesucht werden können. Geschlossene oder selektierte Gruppen, besonders solche von schon für spirituelle Dimensionen
geöffnete Menschen – wie Meditations- und Yoga-Schüler –

schaffen von vornherein ein höheres Schwingungsfeld und garantieren somit einen besseren Erfolg. Um eine günstige Atmosphäre zu schaffen, empfiehlt es sich, den Teilnehmern schon beim Betreten des Raumes etwas Besonderes – um nicht zu sagen etwas Feierliches – zu vermitteln. Ein freundlicher Raum, eine oder mehrere brennende Kerzen und eine Meditationsmusik dürften schon einiges zur Erhöhung von Schwingungen beitragen. Der Teilnehmer muß durch die Atmosphäre seine Alltagssorgen vergessen und seine Aufgeregtheit über das bevorstehende Ereignis beruhigen können.

In meinen Seminaren habe ich es erlebt, daß die Prozentzahl des Erfolges sehr unterschiedlich sein kann. Wenn wir einmal annehmen wollen, daß man bei jedem Teilnehmer, der wenigstens bei einem ersten Seminar schon die dritte Tiefenstufe erreicht hat, von Erfolg reden darf, so waren meine Seminare zwischen fünfundfünfzig und fünfundneunzig Prozent (bei kleinen Gruppen auch bis zu hundert Prozent) erfolgreich. Als Mittelwert dürfen also siebzig Prozent als erfolgreich angesehen werden.

Dabei erweisen sich Rückführungen, die am Vormittag durchgeführt werden, generell als erfolgreicher als jene am Nachmittag oder am späten Abend, da hierbei die jeweiligen Ermüdungsphasen das Mitmachen erschweren. So kann eine Erstrückführung am Vormittag erfolgreicher sein als eine Zweitrückführung am anschließenden Nachmittag, während die Drittrückführung am folgenden Vormittag meist eine deutliche Erfolgsverbesserung erkennen läßt. Aber das ist natürlich auch individuell verschieden.

Die Dauer einer Rückführung sollte ein bis anderthalb Stunden in Seminaren nicht überschreiten, da das Konzentrationsvermögen nach einer solchen Dauer abnimmt und die Alphatiefe reduziert wird. Mancher Teilnehmer verfällt dann sogar in Schlaf, aus dem er allerdings nach der Rückwärtszählung erfrischt wieder aufwacht. Doch könnte er im letzteren Falle die Suggestion, daß man alles Erlebte im Gedächtnis behalten wird, verschlafen haben. Somit ist das Resultat für ihn leider gleich Null, obwohl er sich eventuell in einem tiefen Alpha-Zustand befunden hat, in dem er anfangs viel erlebt haben könnte.

Sich fallen lassen

Es ist wichtig, daß der Teilnehmer das Gefühl erhält, alle Nervosität und Ängste vor einer Rückführung ablegen zu können, also Vertrauen haben zu dürfen in die Gruppe, zu dem Gruppenleiter und vor allem zu dem Geschehen an sich. Günstig ist es für den Erfolg ebenfalls, wenn er unbelastet, das heißt, nicht mit festen Vorstellungen behaftet, zu einer Rückführung kommt, denn die zu hohe Erwartungshaltung kann ihm das Erlebnis verpatzen, weil er darauf wartet, daß sich das schließlich ereignen soll, was er sich vorgestellt hat.[13]

Die Voraussetzung für einen Erfolg ist am ehesten gegeben, wenn man unbefangen, ohne vorgefaßte Meinungen, ohne Ängste und auch ohne Sorgen und Streß zu einer Gruppenrückführung kommt. Wer sich der bevorstehenden Rückführungen unvorbelastet hingeben kann, schafft eine wichtige Voraussetzung, sich ihr gegenüber öffnen und sich während ihrer Durchführung fallen lassen zu können. Um dieses Gefühl zu fördern, sollte man unmittelbar vor einer Rückführung in Partnerarbeit folgende Übung durchführen lassen.

Der Rückführungsleiter bittet eine Person, ihm bei der Demonstration behilflich zu sein. Er erklärt ihr und den anderen, was er demonstrieren möchte. Die ausgewählte Person stellt sich mit geschlossenen Fersen und steifen Knien in aufrechte Haltung rückwärts hin, während der Rückführungsleiter – ein Bein nach hinten gesetzt als Stütze – seine beiden Hände unter die Schulterblätter der vor ihm stehenden Person legt und sagt: *Schließe deine Augen. Konzentriere dich auf meine Hände. Sobald ich sie zurücknehme und sage: Laß dich fallen, bleibst du ganz steif und läßt dich einfach zurückfallen. Meine Hände werden dich auffangen.* Danach nimmt er die Hände um etwa zwanzig Zentimeter zurück, gibt das Kommando, sich fallen zu lassen, und fängt die Person mit seinen Händen unterhalb der Schulterblätter wieder auf. Nach dieser Demonstration fordert er die anderen Teilnehmer auf, sich einen Übungspartner auszusuchen, um dieses Experiment durchzuführen.

Die Übung – so einfach sie ist – trägt dazu bei, daß sich die Teilnehmer lockern und Vertrauen finden. Denn derjenige, der sich in gleicher Weise vertrauensvoll in den Prozeß einer Rückführung fallen lassen kann, hat für deren Erfolg eine günstige Voraussetzung geschaffen.

Die Lichtmeditation

Ich habe bei Gruppenrückführungen immer wieder feststellen können, daß vorher durchgeführte *Lichtmeditationen* zur Lockerung wie auch zur Erhöhung der Schwingung und somit zum gesteigerten Erfolg beitragen. Solche vorangestellten Meditationen beanspruchen meistens nicht mehr als zehn Minuten, vermögen aber oft den Teilnehmer von negativen Schwingungen zu befreien.

Es gibt eine Reihe von Lichtmeditationen. Ich will von ihnen nur eine herausgreifen, die als Beispiel dienen kann für andere ihrer Art.

Die Teilnehmer stellen sich in einen Kreis und legen die Hände nach rechts und links über die Schultern des jeweiligen Nachbarn. Ist die Teilnehmerzahl beträchtlich, so kann man mehrere Kreise bilden. Der Gruppenleiter, der sich ebenfalls eingereiht hat, übernimmt nun die weitere Durchführung, indem er sagt: *Wir schließen unsere Augen. Wir stellen uns vor, daß wir zusammen einen Kelch bilden. Etwa fünf Meter über uns entleert sich jetzt ein großer Krug mit goldenfarbiger göttlicher Lichtenergie, die sich in die Mitte unseres Kelches ergießt. Sobald sie den Boden berührt, verwandelt sie sich in Dämpfe, die sich langsam ausbreiten, jetzt unsere Knie und nun unseren Bauchnabel erreichen. Diesen Dämpfen entsteigt ein wunderbarer angenehmer und erquickender Duft. Alles, was sie berühren, versetzen sie in höhere Schwingungen. Jetzt befinden sie sich schon in unserer Brusthöhe ... und nun gelangen sie zu unserer Nase. Wir atmen sie in tiefen Zügen ein. Unsere Lungen füllen sich mit dieser wohltuenden befreienden Lichtenergie. Ihr ist wundersame Heilkraft zu eigen. Wo immer sie hingelangt, heilt sie, stärkt sie und bringt Harmonie und Freude. Von meinen Lungen aus dringt diese göttliche Energie in meinen Blutstrom, und mit diesem gelangt sie nun nach und nach zu allen Teilen meines Körpers... Ich merke, wie sich alles in mir nach dieser Kraft- und Heilenergie sehnt... Jede Zelle meines Körpers gerät in Verzückung über die empfangene göttliche Energie... Mein ganzer Körper ist nun von ihr angefüllt... Alles in mir schwingt nun in Harmonie... Ich bin sehr glücklich. (Eine kleine Pause)... Ich sehe jetzt, wie diese Dämpfe der Lichtenergie aus dem Kelch weiter aufsteigen und den ganzen Raum erfüllen. Der ganze Raum ist nun erfüllt von dieser Licht- und Liebesenergie. Ich fühle mich in ihm sehr gut aufgehoben. Ich kann mich in ihm gut entspannen... Und jetzt nehmen wir wieder unsere Arme herab und öffnen unsere Augen.*

So eine Meditation kann man natürlich noch variieren. Eine Lichtmeditation kann den Erfolg einer anschließenden Rückführung um zehn bis zwanzig Prozent steigern.

Die positive Programmierung bei der Durchwanderung früherer Leben

Bei Gruppenrückführungen kann nicht therapeutisch gearbeitet werden, man kann also keine persönlichen Probleme und Ängste lösen. Diese bedürfen in Einzelsitzungen der Zwiesprache mit einem Therapeuten, der bei dem Lösungsprozeß von Ängsten und anderen psychischen Problemen Hilfestellung geben und den Klienten »auffangen« kann. In einer Gruppenrückführung bleibt man sich selbst überlassen. Man vernimmt die Worte des Rückführungsleiters und hält sich im allgemeinen auch an sie, aber man muß die Stufen in persönliche Vergangenheiten und das Durchwandern alt-bekannter Gegenden sowie die Begegnung mit Personen und Situationen selbst vollziehen.

Würde bei so einer Wanderung jemand auf ein entsetzliches Erlebnis stoßen, könnte er physisch reagieren (weinen oder stöhnen) und damit die übrigen Teilnehmer stören. Deshalb kann und darf die Sitzung vom Rückführungsleiter nur positiv gestaltet werden, das heißt, er darf nur Situationen ansprechen, die Erfreuliches versprechen. Zum Beispiel: *Mein freudigstes Erlebnis als Kind. Das schönste Erlebnis in meinem Leben. Was war meine Lieblingsbeschäftigung? Welche Person habe ich am meisten geliebt? Was waren unsere beglückendsten Erlebnisse.*

Sollen aber die wichtigsten Ereignisse eines Lebens gesehen werden, muß unbedingt mit eingegeben werden, daß man sich alles ganz gelassen und ruhig ansehen kann. Noch besser ist die Retrospektive. Man befindet sich also ein halbes Jahr vor seinem Tod und schaut gelassen auf sein Leben zurück. Hier können natürlich auch dramatische Ereignisse gesehen werden. Doch die vorprogrammierte Distanz und die Gelassenheit verhindern emotionale Ausbrüche.

Auch kann man das Höhere Selbst als Führer programmieren, das einen an die wichtigen Begebenheiten führt und alles erklärt. In diesem Falle fühlt sich der Zurückgeführte nicht allein und kann sich zudem alle Fragen beantworten lassen.

Wichtig ist, daß sich jeder Teilnehmer in seinen früheren Leben wohlfühlt. Da dies nicht immer der Fall sein kann, müssen hin und wieder »kleine Inseln« in das Programm mit einbezogen werden, auf denen ihm wieder nur glückliche Erlebnisse beschieden sind. Bei einem Wechsel von einem Leben zum anderen, erholt und stärkt er sich auf der »großen Insel«, dem Fahrstuhl.

Die Auswahl an früheren Leben

Anders als bei Einzelrückführungen, in denen man anhand von persönlicher Auswahl oder anhand seiner Probleme in die jeweiligen Leben zurückgeführt werden kann, sollte die Auswahl der für eine Gruppenrückführung geeigneten Leben verhältnismäßig begrenzt bleiben. Aus bestimmten Gründen könnte als Erstrückführung das im ganzen gesehen *glücklichste Leben* gewählt werden, da hierdurch Hemmschwellen der Teilnehmer beseitigt werden können. Ist erst einmal der Einstieg in frühere Leben gefunden und somit auch vom Unterbewußtsein akzeptiert worden, kann man – unter der Voraussetzung der positiven Eingaben – unter mehreren Möglichkeiten auswählen. An das *sozial bedeutendste Leben* erinnert man sich gern wieder. Wohl jeder kann unter seinen vielen Leben eines aufweisen, in dem er ein bedeutenderes Leben in der Gesellschaft führte. Daß nur relativ selten Herrscher auftauchen – man sich also nicht bei dieser Gelegenheit gleich auf einen Thron gesetzt sieht –, spricht für sich. Oft sind diese bedeutendsten Leben relativ bescheiden, obwohl natürlich auch Potentaten vorkommen können. Auf diesem Gebiet hat Helen Wambach (s. Literaturhinweise) anhand ihrer Statistiken den Nachweis erbringen können, daß in Rückführungen die Relation von gesellschaftlichen Rängen auch mit der soziologisch-historisch überprüfbaren Gesellschaftsaufteilung übereinstimmt. Wohlgemerkt kann so eine Feststellung erst Gültigkeit haben, wenn zumindest die vierte Tiefenstufe erreicht ist, denn noch die dritte Stufe weist ja oft groteske Assoziationsmöglichkeiten auf, die natürlich in einer solchen Statistik nicht berücksichtigt werden.

Nach einer Rückführung in ein bedeutendes gesellschaftliches Leben lasse ich die Teilnehmer das sozial gesehen *unbedeutendste, einfachste Leben* ansehen. Meist erweist sich dieses als ein glücklicheres Leben als das bedeutende, in dem oft der Ehrgeiz so sehr stimuliert war und für innere Unrast sorgte.

Das *spirituellste Leben* ist meist sehr ergiebig. Denn es wird oft festgestellt, daß nicht unbedingt unser heutiges Leben das spirituellste in der langen Kette unserer Reinkarnationen gewesen sein muß. Denn es erweist sich, daß wir nach einer Reihe von Inkarnationen immer wieder ein sehr spirituell oder religiös ausgerichtetes Leben verbracht haben, um unser Wachstum auf spirituellem Gebiet zu forcieren. So kann es sein, daß viele von solchen, die die sechste Stufe in der Rückführung erreichen, Priester oder Priesterinnen im alten Ägypten waren. Es ist interessant, daß gerade heute solch hohe Seelen am Anfang des Wassermannzeitalters wiedergeboren werden. Vieles von ihrem intuitiven heutigen Wissen stammt aus ihren spirituellen Leben. Und die Beschäftigung mit Esoterik ruft in ihnen das zurück, was sie einstmals schon wußten. Somit wird für sie oft die Wiederbegegnung mit ihrem spirituellsten Leben zu einem wichtigen Erlebnis, werden jetzt doch die Zusammenhänge klar, woher das esoterische Interesse und das innere Wissen stammt. Meist knüpft man an das einst bewußte spirituelle Wissen wieder an und vertieft es in diesem Leben. Gerade heute gibt es Tausende von esoterisch Eingeweihten auf Erden, wie sie in dieser Vielzahl wohl noch nie auf diesem Planeten versammelt waren. Dies hat wohl seinen tiefen Sinn darin, daß heute die vereinte Kraft all dieser Seelen dazu verhelfen soll, unser aller Bewußtsein zu erhöhen, um unseren Planeten Erde wie auch seine Bewohner vor der physischen Zerstörung zu bewahren.

Das *längste Leben* wäre sicherlich bei einer Gruppenrückführung angebracht, wie auch das *erste Leben auf dem Planeten Erde*. Gern schließe ich an so einen Inkarnationsbesuch die Variante an, sich vom Höheren Selbst zurückführen zu lassen in ein *Leben vor dem ersten Erdenleben*. Viele berichten darüber, ein Tier oder eine Pflanze gewesen zu sein und nehmen sich als solches oder als solche in allen Einzelheiten wahr. Hier wäre also »einzugeben«: *Wie fühle ich mich? Habe ich ein Bewußtsein? Was ist mir angenehm/ unangenehm? Habe ich Freunde/Feinde? Wovon ernähre ich mich? Weiß ich, wem ich mein Dasein verdanke? Kann ich lieben? Wen oder was liebe ich?*

Da die meisten Menschen eine bestimmte Vorliebe für ein Land oder ein Volk haben, führe ich sie gern in ihr *Land X* zurück. Es liegt auf der Hand, daß ihr bevorzugtes Ferienland sie vor allem deswegen magisch anzieht, weil sie früher schon gern dort gelebt hatten. Dieses Land, das der Rückführungsleiter als X bezeichnet, wird von den Teilnehmern vor Beginn der Rückführung festgelegt, wobei natürlich jeder für das erwähnte X ein betreffendes Land einsetzt.

Das *abenteuerlichste Leben* oder das *Leben, in dem ich am meisten gereist bin*, wird auch gern wieder aufgesucht. Natürlich wäre es dann denkbar, anschließend in das nächste Leben davor oder danach zu gehen, oder man beginnt beim letzten Leben und geht sukzessive rückwärts – oder umgekehrt, man beginnt bei der ersten Erdinkarnation als Mensch und schließt dann das jeweils folgende an. Solches Vorgehen ist nur dann zu empfehlen, wenn man im privaten Kreis über eine längere Zeit möglichst viele oder gar alle Leben auskundschaften will. Für Seminare sollte eine wohlüberlegte Auswahl getroffen werden.

Auf jeden Fall sollte das *vorausgegangene Leben* vor der gegenwärtigen Inkarnation miteinbezogen werden, weil die Ereignisse noch nachhaltiger auf das heutige Leben einwirken als solche, die schon einige Jahrhunderte oder gar Jahrtausende zurückliegen. Der Gebrauch des Begriffes das *letzte Leben* kann irreführend sein, da dann eine Sichtung des letzten *zukünftigen* irdischen Lebens erfolgen kann. Ist jedoch in einem vorangegangenen Gespräch (immer wichtig) geklärt worden, was mit dem letzten Leben gemeint ist, kann dieser Ausdruck auch während der Rückführung angewendet werden. Dieses Wiedererlebenlassen des vorangegangenen Lebens verbinde ich in Seminaren mit dem Erlebnis des Todes und dem, was danach geschieht, da die jenseitigen Erlebnisse schon wieder Aussagekraft für das jetzige haben können.

Ein anderes Problem, das im Zusammenhang mit dem letzten (vorangegangenen) Leben auftauchen kann, ist der Umstand, daß jemand im letzten Leben vielleicht schon nach den ersten Monaten oder Jahren verstarb. Deshalb hat er darin auch wenig erlebt und wohl auch kein Karma aufgeladen, das sich im heutigen Leben noch auswirken könnte. Hier sollte vom Gruppenrückführungsleiter eingegeben werden, daß man zurückgeht in das dem heutigen vorangehende Leben, in dem man mindestens dreißig Jahre alt geworden war.

Bei Gruppenrückführungen ist es angebracht, *Personen von heute*, zu denen man eine besondere Affinität, also Zuneigung oder Abneigung, verspürt, in früheren Leben wieder aufzusuchen. Will man innerhalb eines Seminars mehreren Personen wiederbegegnen, sollte der Rückführungsleiter die jeweiligen Personen mit den lateinischen Großbuchstaben A, B, C benennen. Plant man jedoch, nur eine Person zurückzuverfolgen, so kann man diese als Person X bezeichnen. Diese Bezeichnungen müssen vor Beginn der Rückführung festgelegt werden.

Der Gruppenbericht

Ein besonderes Ereignis bietet im Gegensatz zur Einzelrückführung der nach jeder Rückführung eingebrachte Bericht in der Gruppe. Selbst für die Beteiligten, die nichts oder so gut wie nichts erlebt haben und manchmal darüber enttäuscht sind, können aus den Berichten anderer viel Wertvolles entnehmen, so daß auch für sie ein solches Seminar zu einer besonderen Erfahrung werden kann. In einem Gruppenrückführungsseminar bekommt man mit der Berichterstattung einen Einblick in die mannigfaltigen Möglichkeiten. Bringen die Berichterstattenden auch noch die Kommentare ein, die sie vom Höheren Selbst zu ihren damaligen oder heutigen Situationen gehört haben, so kann das Gespräch für jeden zu einem bewußtseinserweiternden Erlebnis werden. Auch solche, die nahezu nichts erlebt haben, sind nach einem Seminar meistens dennoch dankbar.

Der Gruppenrückführungsleiter (GRFL)

Prinzipiell kann jede Frau und jeder Mann eine Gruppenrückführung durchführen, vorausgesetzt, daß sie/er das
Know-how beherrscht, das man sich in einem Ausbildungs-
seminar für Rückführungslehrer aneignen kann. Die Resul-
tate werden auf jeden Fall erhöht, wenn der GRFL zudem
über eine angenehme Stimme, ein angenehmes Wesen,
Freundlichkeit, Souveränität, wenn nicht gar Charisma
verfügt und mit Überzeugung, Sicherheit und Eindringlich-
keit den theoretischen und praktischen Teil erläutert und
durchführt. Er muß auf die Teilnehmer vertrauenerwek-
kend und angenehm wirken, so daß sich jeder in seiner Gegenwart sicher aufgehoben fühlt und sich seiner Führung
vertrauensvoll übergeben kann. Obwohl er auf alle Fragen
eingehen sollte, darf sein Konzept dadurch nicht durchein-
andergeraten, so daß er die Beantwortung spezieller Fragen
auf später verschieben sollte, weil er im Verlaufe des Seminars vielleicht auf jenes Thema ohnedies zu sprechen
kommt. Ein Seminar darf nicht zerredet werden. Die praktische Erfahrung sollte immer im Mittelpunkt stehen.

Nebst einem persönlichen Mut, vor einem größeren Teilnehmerkreis zu sprechen, sollte der Rückführungsleiter vor
allem auch Vertrauen auf seine innere Führung haben.

Er sollte stets daran denken, daß nicht er als Person im
Mittelpunkt eines Seminars steht, sondern das Erlebnis der
Teilnehmer. Er ist nur der Vermittler dieser Erlebnisse und
muß als solcher im Dienste einer Sache wirken. Als eine Person, der man vertraut, trägt der GRFL auch die Verantwor-
tung, das Vertrauen zu rechtfertigen, und zwar durch den
Erfolg. Es spricht für den Seminarleiter, wenn trotz persönlichen »Mißerfolges« des einen oder anderen eine Zufrieden-
heit über die Teilnahme am Seminar herrscht, da das Grup-

111

penerlebnis einen starken und bewußtseinserweiternden Eindruck hinterlassen hat.

Das Vorstellen

Ein Seminar sollte zuerst mit der gegenseitigen Vorstellung beginnen, wobei sich der Seminarleiter als erster vorstellt, vielleicht knapp seinen Werdegang bis zum Lehrer für Gruppenrückführungen darstellt. Ob er sich mit den Teilnehmern duzen oder siezen möchte, ist eine Ermessensfrage und richtet sich außer der persönlichen Einstellung des GRFL nach der Zusammensetzung des Teilnehmerkreises. Besteht dieser vornehmlich aus älteren und »vornehmeren« Leuten, so ist das Siezen eher am Platz. Setzt sich eine Gruppe überwiegend aus jüngeren oder alternativ ausgerichteten Teilnehmern zusammen, kann der Gruppenleiter das Du anbieten. In meinen Seminaren stelle ich es im allgemeinen jedem frei, mich zu duzen, so daß sich im Laufe des Seminars die Atmosphäre ungezwungener, wärmer und freundschaftlicher gestaltet und der Gruppenleiter nicht als Person, zu der man Distanz hält, gesehen wird.

Es empfiehlt sich auch, den Teilnehmern von größeren Gruppen ein Namensschild mit ihrem jeweiligen Vornamen auszuhändigen, das sie sich sichtbar anheften. Eigentlich jeder empfindet es als angenehm, mit seinem Vornamen angesprochen zu werden – auch wenn man sich gegebenenfalls noch siezen sollte. Denn mit Nennung des Vornamens werden Barrieren durchbrochen. Man wird praktisch aus dem Alltag herausgehoben und auf ein besonderes Plateau gestellt, das man als wohltuende Ausnahmesituation dankbar annimmt.

Nachdem sich der GRFL vorgestellt hat, sollte jeder der Reihe nach seinen Namen nennen und – je nach der Größe der Teilnehmerzahl – etwas mehr oder weniger über sich berichten. Zum Beispiel, warum er zu diesem Seminar gekommen ist, was er schon auf seinem esoterischen oder spirituellen Weg gelesen, besucht, erlernt hat oder schon weitergibt.

Abgesehen davon, daß dies eine erste Gelegenheit ist, miteinander warm zu werden und sich als Gruppe zu erleben, vermittelt diese Vorstellungsphase dem GRFL schon ein Bild über den Erfolg des Seminars. Sollte sich die Gruppe überwiegend aus Teilnehmern zusammensetzen, die schon weit auf ihrer spirituellen Suche vorangeschritten sind, wird ein größerer Erfolg gewiß sein als bei einer Gruppe von Anfängern oder Neugierigen.

Wenn die Räumlichkeiten es zulassen, sollte der GRFL darauf achten, daß man nach Möglichkeit in einem Kreis sitzt und sich nur während der Rückführung einen für sich angenehmen Platz auswählt. Geschieht diese Verteilung auf einer größeren Fläche, so sollte der GRFL seinen Platz in der Mitte wählen, um nach Möglichkeit allen nah zu sein.

Zur Organisation von Seminaren

Der Raum ist so zu wählen, daß eine möglichst hohe Garantie an Ungestörtheit gewährleistet ist. Die Teilnehmer sollten weder in den Pausen noch über Nacht nach Hause gehen, da sie dadurch wieder an den Alltag gebunden werden. Die besten Erfolge bei einem Seminar kommen dadurch zustande, daß man sich von seinem Alltag löst und sich für eine neue Einzel- und Gruppenerfahrung freimacht. Ideal sind Orte, die in der freien Natur liegen, wo man sich bei Spaziergängen erholen und über das Erlebte nachdenken oder mit anderen darüber reden kann. Somit sollte an jedem Seminartag mindestens eine längere Pause von eineinhalb bis zwei Stunden eingeräumt werden. Diese benötigt auch der GRFL, dessen »Batterie« sich in einer solchen Pause mit neuen Energien aufladen sollte. Während des Ablaufs darf er sich nicht dazu verleiten lassen, längere Problemgespräche mit einzelnen Teilnehmern zu führen. Jedoch sollte er sich nach dem Tagesprogramm – oder dem Seminarende – für Einzelgespräche zur Verfügung stellen.

In den Seminarankündigungen ist darauf hinzuweisen, daß Decke(n) und ein Kissen mitzubringen sind. Während der Rückführung steht den Teilnehmern die Wahl offen, auf einem Stuhl bequem Platz zu nehmen oder sich hinzulegen. Der GRFL sollte deutlich machen, daß man im Sitzen oft den größeren Erfolg verbucht, neigen doch manche dazu, im Liegen einzuschlafen.

Wochenendseminare eignen sich aus mehreren Gründen für Rückführungen am besten. Hier könnte an beiden Wochenendtagen jeweils eine Rückführung am Vor- und Nachmittag angesetzt werden, so daß der Abend frei bleibt.

Bevor der GRFL zu dem theoretischen Einführungsteil übergeht, sollte er den Teilnehmern das Programm des Seminars erläutern und bei dieser Gelegenheit – was den Seminarankündigungen in Zeitschriften, auf Plakaten und Handzetteln schon geschehen sein dürfte – nochmals darauf hinweisen, daß bei den Rückführungen keine Hypnose verwendet wird. Daran schließt sich meist die Erklärung an, was ein Alpha-Zustand zu bedeuten hat. Schon an dieser Stelle könnte er die jeweils unterschiedliche Funktion der rechten und der linken Gehirnhälfte darlegen.

Der theoretische Teil eines Seminars

Viele Teilnehmer an einem Rückführungsseminar haben schon etwas über Reinkarnation gehört, wissen im ganzen jedoch nur wenig darüber und haben manchmal nur eine ungenügende Vorstellung über Karma und anderes esoterisches Grundwissen in Verbindung mit der Reinkarnationslehre. Daher erachte ich es in einem vierteiligen Wochenendseminar für wichtig, daß der Rückführungsleiter jeweils zu Beginn der vier Seminarabschnitte eine theoretische Einführung gibt. Er sollte die Geschichte und Wirkungsgeschichte der Reinkarnationslehre im Laufe der Jahrhunderte kurz skizzieren, ebenso einen Überblick über die heutige Reinkarnationsforschung und Beweise erstellen, weiterhin vor allem auf die Bewußtseinsveränderung hinweisen, die sich notwendigerweise für jemanden ergeben muß, der die Reinkarnation in sein Weltbild als Tatsache integrieren kann. Auch sollte davon gesprochen werden, welche Absicht aus höherer Sicht mit dem Wiederholen von Erdenleben verfolgt wird, was es mit Ursache und Wirkung (Karma) auf sich hat, was die Gnade in diesem Zusammenhang bedeutet, und vieles andere mehr.

Viele Teilnehmer kommen in ein Seminar, um auch »Schwarz auf Weiß« etwas mit nach Hause nehmen zu können.

Ein Seminar sollte jeweils aus drei ausgewogenen Komponenten zusammengesetzt sein, einmal aus dem theoretischen Teil, dann dem Eigenerlebnis während der Rückführung und schließlich dem Gruppenerlebnis in der Berichterstattung. Kommt jemand bei dem einen Teil zu kurz, mögen die anderen Teile ihn entschädigen.

Hinweise vor der ersten Rückführung

Nach Schluß des theoretischen Teils, an den sich noch Fragen anknüpfen könnten, sollte der Gruppenrückführungsleiter schon auf verschiedene Dinge zu sprechen kommen, die für die anschließende Rückführung wichtig sind.

Er sollte darauf hinweisen, daß niemand Angst zu haben braucht, aus einer Rückführung nicht oder nur mit Schwierigkeiten zurückzukommen. Außerdem sollte er nochmals betonen, daß der Teilnehmer nur positive Erlebnisse seiner früheren Existenzen erleben wird. Wenn dramatische Szenen gesehen werden sollten, wird man sie mit Gelassenheit wahrnehmen.

Nun berichtet der GRFL über das Vorhandensein und die Beschaffenheit des Höheren Selbst, über das jeder verfügt und das jeden während seiner Rückführungen begleitet und im tiefen Alpha-Zustand als Ansprechpartner, Führer und Berater zur Verfügung steht. Auch dieses Wissen um die innere Begleitung nimmt vielen die Furcht vor dem Eintauchen in eine ihnen noch unbekannte Dimension. Das Bewußtsein, bei diesem Gang in die Tiefe nicht allein zu sein, ist tröstlich.

Auch sollte der GRFL betonen, daß die Teilnehmer immer seine Stimme hören werden, die sie sicher und gefahrlos durch ihre Erlebnisse führen wird.

Wichtig ist die an die Teilnehmer gerichtete Frage nach eventueller Angst vor Fahrstühlen. Oft meldet sich jemand. Doch auch wenn keine Meldung erfolgen sollte, wird der GRFL den Fahrstuhl sicherheitshalber als sehr geräumig beschreiben. Es versteht sich, daß dann auch jene, die unter Klaustrophobie leiden, keine Hemmungen haben werden, in ihren imaginären Fahrstuhl einzusteigen, zumal er einen durch Lichterglanz und Musik dazu einlädt.

Bevor der GRFL die Pause verkündet, sollte er die Teilnehmer darauf hinweisen, sich nach der Pause so zu legen oder zu setzen, daß sie sich nicht zu nahe sind, um nicht vom Aurafeld des Nachbarn beeinflußt zu werden.

Vor dem Beginn der Rückführung ist also unbedingt eine kürzere Pause einzulegen, um jedem die Möglichkeit zu geben, die Toilette aufzusuchen, damit während der Rückführung keine Irritationen entstehen. Der Raum wird in dieser Phase gelüftet.

Haben die Teilnehmer ihre Plätze eingenommen und sich zugedeckt, dunkelt der GRFL den Raum ab und erteilt noch folgende wichtige Hinweise:

1. Daß nach Möglichkeit niemand den Raum verläßt, um andere nicht zu stören,
2. daß man während der Rückführung die Dinge geschehen lasse und den kontrollierenden Verstand ausschalten möge, um das Gesehene und Erlebte nicht in Frage zu stellen, was man ja später noch zur Genüge nachholen kann,
3. daß man alle Gedanken an den Alltag ausklammert und sich ganz
4. auf die Stimme des Rückführers konzentriert, um alle Worte und Eingaben mitzubekommen,
5. daß man sich die genannten Zahlen bei geschlossenen Augen genau vorstellt oder auf ein imaginäres Blatt Papier aufzeichnet und diese so lange fixiert, bis

6. die jeweils unsichtbaren Hände und die zu entspannenden Körperglieder genannt werden, denen dann volle Aufmerksamkeit durch das vorgestellte Nachvollziehen zugewendet werden soll,
7. daß man sich bei jeder Zahl von 20 bis 1 mehr und mehr entspannt, bis bei Nennung der Eins der ganze Körper vollkommen gelockert und entspannt ist.

Das Vorgehen während der Rückführung

Die Stimme des Gruppenrückführungsleiters sollte immer deutlich zu hören sein, so daß die Zurückgeführten nicht rätseln müssen, was er gesagt hat. Ebenso müssen die Anweisungen unmißverständlich und klar gegeben werden, um ebenfalls Irritationen zu vermeiden. Der GRFL muß daran denken, daß seine Anleitungen von den Rückgeführten oft nur langsam aufgenommen und umgesetzt werden, und dafür genügend Zeit ansetzen. Bei zu großen Intervallen können aber manche Teilnehmer abschalten und einschlafen. Allen wird der GRFL es niemals recht machen können, deshalb muß er sich für einen Mittelweg entscheiden.

Ich schließe schon bei der Count-Down-Entspannungseinleitung als Rückführer die Augen, um mich besser auf die Eingaben konzentrieren zu können. Jedoch muß ich des öfteren die Augen wieder öffnen, um mich nicht selbst in den Alpha-Zustand zu versetzen. Der GRFL tut gut daran, bis zu einem gewissen Tiefenzustand (höchstens 10 Hz) mitzugehen, da er dann mit seinem Höheren Selbst die Verbindung herstellen kann, das bei der Auswahl und Formulierung der einzelnen Lebensstationen und Erlebnisse behilflich ist, so daß er seinen Verstand teilweise ausschalten kann. Er wird dann oft selbst überrascht sein über die Vielfältigkeit der Perspektiven, die sich jeweils ergeben können und an die er niemals zuvor gedacht haben mag. Rückführungen, in denen sich der GRFL teilweise selbst von seinem Höheren Selbst leiten läßt, führen meistens zu einem erfüllenderen Ereignis. Doch wird es nicht jedem GRFL gegeben sein, eine sichere Gratwanderung unter Begleitung seines Höheren Selbst durchzuführen, sondern muß sich ganz auf sich selbst und seinen kontrollierenden Verstand verlassen.

Obwohl ich schon viele Gruppenrückführungen durchgeführt habe, verläuft jede anders. Das heißt aber nicht, daß ich das Konzept nicht durchhalte.

Hat sich der Zurückgeführte einmal an eine bestimmte Art der Rückführung gewöhnt, dann sollte der GRFL innerhalb eines Seminars seine Vorgehensweise nicht ändern und zum Beispiel statt des Fahrstuhles nun plötzlich ein Flugzeug benutzen, das die Teilnehmer an ihren Bestimmungsort bringt. Denn ein plötzlicher Wechsel irritiert die Zurückgeführten und könnte die Tiefe ihres Alpha-Zustandes beeinträchtigen.

Ist der Raum, in dem die Rückführung stattfindet, nicht überaus warm, sollte der GRFL schon in der CDE-Phase bei der Erwähnung der Füße und des Rückens eingeben, daß diese jeweils angenehm warm werden. Überhaupt ist das Wohlgefühl während der ganzen Rückführung immer wieder zu suggerieren.

Eine andere Irritation in der Kindheitsphase kann entstehen, wenn ein Geburtstag mit all seiner Feierlichkeit wieder erlebt werden soll, der Betreffende jedoch als Katholik keinen Geburtstag feierte, sondern eine Feier nebst Geschenken nur an seinem Namenstag stattfand. Der im Alpha-Zustand Befindliche kann innerlich protestieren, wenn er »genötigt« wird, eine Geburtstagsfeier nachzuvollziehen, die es für ihn gar nicht gegeben hat. Deshalb ist es ratsam, bei Rückführungen in die gegenwärtige Kindheit die Auswahl offenzulassen, ob man nun einen Geburtstag oder Namenstag wiedererlebt.

Soll sich der Zurückgeführte an Daten und Namen erinnern, sagt der GRFL, daß er bis drei zählt. Danach wird das Gesuchte wieder einfallen. Dies bedeutet in vielen Fällen eine Erleichterung für die Rückerinnerung.

Sollte einer der Teilnehmer laut zu schnarchen beginnen, so kann der GRFL ihn an der Hand oder am Zeh schütteln. Dann wacht der Schläfer auf, ohne sofort ganz wieder im

Beta-Zustand sein zu müssen. Auch könnte man ihm zuflüstern, sich auf die Seite zu drehen oder die Augen zu öffnen.

Dringen plötzlich sehr störende Fremdgeräusche in den Raum, kann durch den verbalen Hinweis, daß wir uns durch diese Geräusche nicht stören lassen, die Störung erst recht empfunden werden. Aus diesem Grund sollte der GRFL suggerieren, daß die Teilnehmer seine Stimme weiterhin deutlich vernehmen können und sich ganz darauf konzentrieren.

Nach der Rückführung

Nachdem mit der Zahl 25 die Aufforderung zum Öffnen der Augen gegeben wurde, richten sich schon viele aus ihrer Liege- oder Sitzhaltung auf, so daß es für den GRFL leicht zu erkennen« ist, wer noch nicht »zurückgekehrt« ist. Das Nichtzurückkehren bei Nennung der Zahl 25 ist sehr selten und kommt nur bei wenigen Eingeschlafenen vor. Die meisten wachen spätestens mit Nennung der 25 wieder auf. Sollte das nicht der Fall gewesen sein, dann wiederholt der GRFL unter Handauflegen auf die Stirn des Betreffenden den Rückzählungsprozeß. Er läßt etwa ein bis zwei Minuten, nachdem jeder zurückgekehrt ist, verstreichen, bevor er das Licht einschaltet oder die Vorhänge zurückzieht. Nach weiteren ein bis zwei Minuten bittet er die Anwesenden, sich wieder in einen Kreis zu setzen.

In der anschließenden Berichterstattung sollte der GRFL tolerieren, wenn jemand über bestimmte Phasen nichts oder nur wenig erzählen möchte. Manche machen sich Notizen und möchten erst danach an dem Gespräch teilnehmen. Der GRFL sollte darauf aufmerksam machen, daß es von Vorteil ist, das Erlebte zu verbalisieren, da sich dieses dann noch nachhaltiger ins Gedächtnis einprägt, und auch darauf, daß man sich spätestens zu Hause Notizen macht, da man vielleicht Jahre später über andere Wege (Medien, Träume, Visionen) Aussagen über seine früheren Leben erhält, deren Einzelheiten man mit dem in Seminaren Erlebten überprüfen möchte.

Der GRFL hinterfragt während des Gruppenberichtes jene Dinge, die vielleicht vergessen worden sind. Er geht auch auf Fragen ein wie:»Kann es sein, daß ich das, was ich schon aus meinen Träumen kenne, wieder projiziert habe?« Er verfolgt die Aussagen ganz genau und fragt nach Details.

Denen, die nichts oder nur wenig erlebt haben und darüber enttäuscht sind, macht er Mut, daß vielleicht schon bei einer der nächsten Rückführungen der Durchbruch erfolgen könnte.

Sollte jemand während seines Berichtes aus Freude oder aus Schmerz über das Erlebte weinen, sollte der GRFL ihn weinen lassen, denn solche Tränen sind Anzeichen für einen nun geöffneten Damm, und jedes Loslassen von diesem aufgestauten Wasser (Symbol für Emotionen) ist eine wohltuende Befreiung. Bei einer tränenreichen Berichterstattung muß er entscheiden können, ob er die Person weitersprechen lassen möchte oder ob er erst einmal die nächsten Personen berichten läßt, bevor er wieder zur ersteren zurückkehrt. Viele Teilnehmer sehen im Erlebnis des anderen befreiende Parallelen zu eigenen jetzigen und früheren Schicksalen, wie auch das Offenbaren von früheren (manchmal auch jetzigen) Dingen zugleich eine wohltuende Befreiung in sich darstellt. So können – wie durch Zauber – das eine oder andere Problem (Phobie, Schlaflosigkeit, Schreckträume) vorübergehend oder gar für immer gelöst werden. Das geschieht nicht nur durch einen Loslösungsprozeß von Unbewußtem, sondern auch durch einen Erkenntnisprozeß, der bei den Teilnehmern nicht nur während der Rückführung oder bei der Berichterstattung, sondern oft erst Tage später erfolgen kann. Der GRFL ruft in Erinnerung, was das Höhere Selbst des Betreffenden offenbart hat. Solche inneren Hinweise sind für sein jetziges Leben von größter Bedeutung. Durch das Höhere Selbst herbeigeführte Erkenntnisse beeinflussen den Teilnehmer nachhaltig, und sein Leben erhält einen neuen Sinn. Somit erweisen sich selbst Gruppenrückführungen für viele als Gewinn. Der GRFL wird also zu einem indirekten Therapeuten, da ja die Therapie nicht beabsichtigt war.

Sollte jemand – vor allem während des Gruppenberichtes – Kopfschmerzen haben oder noch während der Rückführung oder nach dem Aufwachen bekommen haben (ein Umstand, der erst bei dem jeweiligen Bericht erwähnt wird), könnte der GRFL fragen, wer von den Anwesenden schon Geistheilung praktiziert hat. Wenn sich jemand meldet (es ist fast immer jemand vorhanden), sollte dieser jener Person die Hände auf den Kopf legen, sonst legt der GRFL die Hände auf. Die Heilerfolge stellen sich in neunzig Prozent der Fälle rasch ein.

Vor Abschluß eines Seminars sollte er die Teilnehmer, die gar nichts oder nur wenig erlebt haben (es handelt sich hierbei um etwa dreißig Prozent), auf die Möglichkeit hinweisen, wie sie mit ihrem »Mißerfolg« umgehen können und wie sie sich durch weitere Bemühung auf spätere Rückführungen vorbereiten können. Den anderen Teilnehmern sind Hinweise zu geben, wie sie die Ergebnisse ihrer Rückführungserlebnisse bei weiteren Gruppen-, Einzel- oder Selbstrückführungen steigern können.

Doch im theoretischen Teil sollte er auch erklären, warum man sich erst heute am Beginn des Wassermannzeitalters in Gruppen mit Rückführungen in frühere Leben beschäftigt, warum wir die Chance haben dürfen, in uns selbst die Schätze, aber auch den Schlamm zu entdecken, die wir seit Jahrtausenden in unserem Unterbewußtsein versteckt gehalten haben. Jetzt haben wir die Möglichkeit, die Schätze freizulegen und in unserem jetzigen Erdendasein zu nützen – im persönlichen Bereich wie auch in bezug auf die ganze Menschheit.

Gruppenrückführung in drei verschiedene Leben

– Komplette Rückführung –

Nach den Vorbereitungen, die im vorhergehenden Kapitel dargestellt wurden, beginnt der Prozeß der Gruppenrückführung mit dem Schließen der Augen. Die Rückführung dauert etwa sechzig Minuten. Die hier beschriebene Rückführung wäre geeignet für eine erste Gruppenrückführung. Drei Punkte nach einem Satz bedeuten eine kurze, fünf Punkte eine längere Pause. Die Überschriften werden selbstverständlich nicht gesprochen.

a) Die Versetzung in den Alpha-Zustand

GRFL: *Zwanzig! Wir schließen die Augen und versuchen vor unseren geschlossenen Augen die Zahl 20 zu sehen, oder wir malen sie auf ein uns vorgestelltes Blatt Papier mit einem imaginären Farbstift auf. . . .*

Mit jeder der folgenden Zahlen verfahren wir ebenso und schauen sie uns so lange genau an, bis wir uns auf unsere Hände und Körperteile zu konzentrieren beginnen. . . .

Neunzehn! Wir sehen die Zahl 19 vor uns oder schreiben sie auf und sehen sie uns ganz genau an. . . .

Und jetzt konzentrieren wir uns auf unsere unsichtbaren Hände. Mit ihnen massieren wir unsere Füße. . . . Die Füße lockern sich, lockern sich, entspannen sich, lockern sich immer mehr. . . .

Mit jeder weiteren Zahl lockern und entspannen wir uns mehr und mehr.

Achtzehn! Wir sehen die Zahl 18 deutlich vor uns und schauen sie uns genau an. . . .

Mit unseren unsichtbaren Händen massieren wir jetzt unsere Beine. . . . Wir spüren, wie unsere unsichtbaren Hände die Waden, die Knie und dann die Unter- und Oberschenkel massieren und dabei immer mehr lockern. . . . Die Beine lockern sich, lockern sich, entspannen sich, lockern sich. . . .

Siebzehn! Wir sehen die Zahl 17 deutlich vor uns. . . .

Mit unseren unsichtbaren Händen massieren wir unseren Bauch. . . . Alle Muskeln des Bauches lockern sich, lockern sich, lockern sich. . . .

Sechzehn! Wir sehen die Zahl 16 genau vor uns. . . .

Nun konzentrieren wir uns auf unsere unsichtbaren Hände und massieren mit ihnen unseren Brustkorb. . . . Der ganze Brustkorb lockert sich, entspannt sich, lockert sich, lockert sich. . . .

Auch die Lungen lockern sich, entspannen sich, lösen sich, lockern sich immer mehr. . . .

Wir atmen tief und gleichmäßig. Und mit jedem weiteren Atemzug entspannen und lockern wir uns mehr und mehr.

Fünfzehn! Wir sehen die Zahl 15 vor uns. . . .

Mit unseren unsichtbaren Händen massieren wir den ganzen Rücken vom Gesäß aufwärts bis zu den Schulterblättern. . . . Alle Partien des Rückens lockern sich, lockern sich, entspannen sich, lockern sich. . . . Eine angenehme Wärme breitet sich über den ganzen Rücken aus. . . .

Vierzehn! Wir sehen die Zahl 14 deutlich vor uns. . . .

Mit den Handballen unserer unsichtbaren Hände reiben wir jetzt über unsere Wirbelsäule. Alle Nerven, die durch die Wirbelsäule gehen, entspannen sich jetzt, sie lockern sich, entspannen sich, lockern sich. . . .

Dreizehn! Wir sehen die Zahl 13 genau vor uns und schauen sie an. . . .

Mit unseren unsichtbaren Händen massieren wir unsere Schultern. . . . Die Schultern lockern sich, entspannen sich, lockern sich. . . . Wir fühlen uns frei und locker. . . .

Zwölf! Wir sehen die Zahl 12 vor uns. . . .

Mit unseren unsichtbaren Händen gleiten wir nochmals über unsere Füße und Beine und massieren sie erneut. . . . Füße und Beine sind jetzt vollkommen gelockert und entspannt, gelockert, gelockert, entspannt. . . . Wir gleiten weiterhin nochmals über unseren Bauch und Brustkorb und massieren sie erneut. ... Alles ist nun entspannt, gelockert, gelockert, entspannt. Wir atmen tief und gleichmäßig. ... Und mit jedem Atemzug entspannen wir uns mehr und mehr.... Und wir gleiten nochmals mit unsichtbaren Händen über unseren Rücken, vom Gesäß bis hinauf zu den Schultern. ... Alles ist jetzt gelockert, entspannt, gelockert....

Elf! Wir sehen die Zahl 11 deutlich vor uns. ...

Mit unseren unsichtbaren Händen massieren wir unseren Nacken. ... Alle Nerven, Sehnen und Muskeln des gesamten Halses lockern sich jetzt, lockern sich, entspannen sich, lockern sich. ...

Zehn! Wir sehen die Zahl 10 deutlich vor uns. ...

Der Mund- und Kieferraum lockert sich jetzt, entspannt sich, lockert sich. ... Ich (!) merke, wie meine Zunge sich entspannt und sich immer mehr lockert. ... Auch meine Lippen entspannen sich, lockern sich. ... Der ganze Mund- und Kieferraum ist jetzt entspannt, gelockert, gelockert, gelockert. ...

Neun! ... Der ganze Nasen- und Rachenraum lockert sich, entspannt sich, lockert sich jetzt immer mehr. ... Ich atme tief und gleichmäßig ..., und mit jedem Atemzug entspanne und lockere ich mich mehr und mehr. ...

Acht! ... Meine Augenlider sind fest geschlossen. Doch sie sind ganz gelockert und entspannt. ... Die Augenmuskulatur ist ganz gelockert, gelockert, entspannt. ... Ich fühle mich sehr wohl. ...

Sieben! ... Ich sehe die Zahl 7 genau vor mir. ... Meine Stirn, die Schläfen, die Kopfhaut entspannen und lockern sich jetzt immer mehr und mehr. ...

Sechs! ... Der Ohrbereich lockert sich, entspannt sich, lockert sich. ... Mein Kopf ist (!) jetzt gelockert, gelockert, entspannt. ...

Fünf! ... Meine Arme lockern sich jetzt, lockern sich, entspannen sich. ... Meine Arme sind jetzt ganz gelockert und entspannt. ...

Vier! Meine Hände und Finger entspannen sich jetzt, lockern sich, lockern sich, entspannen sich. ... Meine Hände und Finger sind jetzt ganz gelockert und entspannt. ...

124

Drei! Ich sehe die Zahl 3 deutlich vor mir.... Alle Muskeln meines Körpers sind jetzt gelockert, entspannt, gelockert, gelockert....

Zwei!... Alle Nerven meines Körpers sind jetzt gelockert, entspannt, gelockert, entspannt....

Eins! Eins! Eins!... Ich fühle mich ganz eins.... Ich fühle mich in Harmonie mit mir selbst. ... Ich fühle mich sehr wohl. ... Ich möchte jetzt zuerst zurückgehen in meine jetzige Kindheit.

b) Zurückführung in die jetzige Kindheit

Ich möchte zuerst meinen 7. Geburtstag oder Namenstag aufsuchen. Ich werde nun immer jünger und jünger und dann auch kleiner und kleiner. Und je jünger und kleiner ich werde, desto wohler fühle ich mich.... Und jetzt bin ich bei meinem 7. Geburtstag oder Namenstag angekommen. Es ist vier Uhr nachmittags. Was geschieht?... Wer ist anwesend? ... Gibt es eine Feier?... Wenn ja, was gibt es zu essen?... Ich schmecke genau, was ich esse. ... Was trinke ich? ... Kann ich es riechen, was ich trinke? ... Worüber unterhalten wir uns? Ich kann die Stimmen genau vernehmen.... Was habe ich heute geschenkt bekommen? ... Was ist mein Lieblingsgeschenk? ... Ich befühle es ... wie fühlt es sich an? ... Wer hat mir dieses Geschenk gemacht? ... Was empfinde ich für diese Person?...

Ich verlasse jetzt meinen Ehrentag und gehe weiter und weiter in meine Kindheit zurück und fühle mich dabei immer wohler und wohler. Ich nähere mich jetzt jenem Ereignis, als ich meine ersten Schritte als Baby ganz allein ging. ... Jetzt führe ich sie aus. Ich gehe meine ersten Schritte ganz allein. ... Wie fühle ich mich? ... Wer ist zugegen? ... Was sagt diese Person? ... Wer ist diese Person? ... Mag ich sie? ... Was mag ich an ihr am liebsten? ... An welch anderes freudiges Ereignis zu jener Zeit kann ich mich noch gut erinnern? Was war es? ... Warum war dieses Ereignis für mich so schön? ...

Ich verlasse jetzt dieses Ereignis und werde immer kleiner und kleiner und fühle mich dabei immer wohler und wohler.

Ich befinde mich jetzt im Bauch meiner Mutter und werde auch dort immer kleiner und kleiner und fühle mich immer wohler und wohler.

Und jetzt bin ich dort, wo ich war, bevor ich in den Bauch meiner Mutter gelangte.

c) Lichteinhüllung

Ich sehe mich auf einmal von wunderbarem Licht einge-hüllt. ... Dieses ist sehr, sehr angenehm und erwärmt mich von außen und innen. Es macht mich unbeschreiblich glück-lich. Ich genieße diese Lichtfülle in mir und um mich herum. ...

Ich möchte jetzt in drei meiner früheren Leben zurück-kehren. Und ich bitte mein Höheres Selbst, mich dorthin zu begleiten und mir alles zu erklären, was für mich zu wissen nötig ist. Alle meine Fragen wird mein Höheres Selbst be-antworten. Es wird mich überall hin begleiten.

d) Erster Aufenthalt im Fahrstuhl

Und nun begebe ich mich zu meinem Fahrstuhl, der mich in meine früheren Leben führen wird. Jetzt befinde ich mich in diesem wunderschönen Fahrstuhl. Er ist sehr geräumig. An den Wänden befinden sich Spiegel und Kristalle, in denen sich Licht in vielen Farben bricht. Ich schaue mich um und staune vor Verwunderung. ... Auch vernehme ich leise Mu-sik aus den Wänden, die mir sehr wohltut. ... Ich merke, daß die Musik und das Licht mit seinen Farben Kraft- und Heil-energien besitzen, denn ich fühle mich wohler und gesünder, je länger ich im Fahrstuhl stehe und mich umschaue. ... Ich bin voller Freude. ...

Ich möchte zuerst in jenes meiner früheren Leben, in dem ich am glücklichsten gewesen bin. Und ich bitte mein Höhe-

res Selbst mich dorthin zu begleiten. . . . Der Fahrstuhl setzt sich nun langsam in Bewegung. Ich bin sehr glücklich und auch sehr neugierig, wo ich hingelangen werde. . . . Nun hält der Fahrstuhl. Die Türen öffnen sich. . . .

e) Mein glücklichstes Leben

Ich befinde mich in einer sehr schönen Landschaft, die mir sehr vertraut ist. . . . Ich schaue mich langsam nach allen Seiten um. . . . Ich blicke nun auf meine Füße hinab und betrachte mir – wenn ich welche anhabe – meine Schuhe. . . . Ich sehe mir alles ganz genau an. . . . Jetzt gleiten meine Blicke an den Beinen höher. Ich möchte wissen, welche Kleidung ich trage. . . . Ich befühle diese nun, um zu fühlen, aus welchem Stoff sie gefertigt ist. . . .

Ich nehme einen Spiegel zur Hand oder schaue in ein klares Wasser, um mein Gesicht genauestens zu studieren. . . . Das bin ich also. So also sieht mein Gesicht aus. . . . Wer bin ich? Ich zähle bis drei – und dann weiß ich meinen vollen Namen. Eins, zwei, drei! . . . Ja, so heiße ich. In welchem Land befinde ich mich? Eins, zwei, drei! . . . Wer regiert dieses Land? Eins, zwei, drei! . . . Und in welchem Jahrhundert oder Jahr befinde ich mich? Eins, zwei, drei! . . .

Und jetzt begebe ich mich zurück in meine Kindheit. Ich stehe vor der Wohnstätte, in der ich aufgewachsen bin. Ich sehe sie mir von außen ganz genau an. . . . Jetzt gehe ich hinein und sehe mich um. . . . Wie sieht es dort aus, wo gekocht wird? . . . Wo lagern die Speisevorräte? . . . Wie riechen diese? . . . Wo schlafe ich? . . .

Wer sind meine Eltern? . . . Was macht mein Vater beruflich? . . . Habe ich Geschwister? . . . Wie heißen sie? . . . Habe ich Spielfreunde? . . . Was spielen wir? . . . Was ist meine Lieblingsbeschäftigung? . . . Welches ist das schönste Erlebnis meiner Jugend? . . . Wenn ich bei der Betachtung meines Lebens nichts mehr erleben sollte, kehre ich immer wieder zu erfreulichen Begebenheiten meiner Jugend oder Kindheit zurück.

Wie sah meine Erziehung aus? ... Habe ich Schreiben und Rechnen gelernt? ... Habe ich fremde Sprachen gelernt? Welche? ... Was war das bedeutendste Ereignis meiner Jugend? Ich kann es mir ganz gelassen ansehen. ... Was war meine Tätigkeit als Erwachsener? Wovon habe ich gelebt? ... War ich reich, oder war ich arm? ... Was habe ich am liebsten getan? ... Wen habe ich am meisten geliebt? Wie hieß diese Person? ... Wie gestaltete sich unser Verhältnis? ... Was waren unsere schönsten Erlebnisse? ... War ich verheiratet? Hatte ich Kinder? Wenn ja, wie viele? ... Ich bitte mein Höheres Selbst, mir zu sagen, ob ich eine der gesehenen Personen in einem späteren Leben in Deutschland am Ende des 20. Jahrhunderts (um die zweite Jahrtausendwende) wiedersehen werde und um wen es sich jeweils handelt. ... Wenn ich jetzt noch Fragen an mein Höheres Selbst über mich, jene Personen oder meine Aufgaben stellen möchte, dann tue ich es jetzt. ... Was sollte ich damals in jenem glücklichsten Leben lernen? ... Warum durfte ich so ein glückliches Leben haben? ...

Ich lege mich jetzt auf meine Schlafstelle (mein Schlaflager) nieder und schließe die Augen. ... Und ich nehme mir vor, daß ich alles, was ich soeben gesehen, gehört, erlebt und gefühlt habe, in meinem Gedächtnis verankere, um mich nach Belieben daran erinnern zu können. ... Ich werde jetzt müder und müder und schlafe ein. ...

f) Erster Zwischenaufenthalt im Fahrstuhl

Ich befinde mich wieder in meinem mir vertrauten Fahrstuhl und sehe mich darin um. ... Ich freue mich an dem mir so wohltuenden Licht und den Farben. Sie geben mir Kraft und Freude. ... Auch die Musik beglückt mich und vermittelt mir Energie und Heilkraft. ... Ich bin sehr glücklich. ...

Ich möchte jetzt in jenes frühere Leben zurückkehren, in dem ich von allen meinen Erdenleben die gesellschaftlich gesehen höchste Stellung eingenommen habe. Und ich bitte mein Höheres Selbst, mich wieder zu begleiten. – Und schon

setzt sich der Fahrstuhl langsam in Bewegung. . . . Jetzt hält
er an, die Türen öffnen sich.

g) Mein gesellschaftlich gesehen bedeutungsvoll- stes Leben

Ich erblicke mich dort, wo ich als Erwachsener die längste
Zeit gewohnt habe. . . . Ich schaue mir mein Zuhause von in-
nen an. . . . Wo habe ich mich am liebsten aufgehalten? . . .
Wer wohnt noch mit mir in jenem Haus? . . . Wie heißen sie?
. . . In welcher Beziehung stehen wir zueinander? . . . Wen
liebe ich am meisten? . . . Was verbindet uns? . . . Habe ich
oder haben wir einen Garten? Wie sieht er aus? . . .

Was ist meine Funktion in der Gesellschaft? . . . Wie übe ich
meine Tätigkeit aus? . . . Was sind meine Pflichten? . . . Wie
heiße ich? . . . Wie nennt man mich? Eins, zwei drei! . . . Wer
regiert dieses Land? Eins, zwei, drei! . . . Kenne ich den Re-
gierenden persönlich? . . . Was halte ich von dieser Person?
. . . In welchem Land befinde ich mich eigentlich? . . . In wel-
chem Ort wohne ich? Eins, zwei, drei! . . . In welchem Jahr-
hundert befinde ich mich? Eins, zwei, drei! . . .

Was waren die schönsten Erlebnisse meines Lebens? . . . . . .
Was waren meine Hauptinteressen? . . . Habe ich meine
Pflichten gewissenhaft ausgeübt? Was dachten wohl die an-
deren von mir? . . . Habe ich meinen Beruf oder meine Stel-
lung geliebt? . . .

Ich befinde mich jetzt ein Jahr vor meinem Tod. Wie alt bin
ich? . . . Auf mein Leben zurückblickend kann ich wohl sa-
gen, daß ich mit dem, was ich getan habe, zufrieden bin? . . .
Worauf kann ich stolz sein? Was hätte ich besser machen
können? Gibt es etwas, das ich bereue? . . . Was waren die
wichtigsten Erlebnisse meines Lebens? Ich kann mir alles
ganz gelassen ansehen. . . . . . . Was habe ich aus diesem Leben
gelernt? . . . Ich möchte nun mein Höheres Selbst bitten, mir
zu erklären, warum ich dieses Leben führen mußte und was
ich lernen sollte. . . . Was hätte ich besser machen sollen? . . .
Wo habe ich mir Karma aufgeladen? . . . Wo und wie muß ich

dieses Karma in einem späteren Leben wieder ausgleichen? ... In welcher Beziehung steht jenes gesellschaftlich bedeutende Leben zu meinem Leben am Ende des 20. Jahrhunderts und darüber hinaus? ... Gibt es etwas, worauf mein Höheres Selbst mich im besonderen hinweisen möchte? ... Habe ich noch Fragen an mein Höheres Selbst, so stelle ich diese jetzt.......

Ich lege mich auf meine Schlafstätte und schließe die Augen. Ich bin müde und werde gleich einschlafen. Ich nehme mir vor, daß ich alles, was ich soeben erlebt, gesehen, gehört und gefühlt habe, in meinem Gedächtnis verankere, um mich jederzeit wieder daran erinnern zu können. Ich schlafe jetzt ein, doch verfolge ich alles bewußt, was die Stimme sagt.

h) Zweiter Zwischenaufenthalt im Fahrstuhl

Ich befinde mich jetzt wieder in meinem mir vertrauten Fahrstuhl. Ich sehe mich um und erfreue mich an dem Licht, das sich in den Kristallen bricht. ... Ich höre die Musik, die mich ebenfalls beglückt. ... Ich fühle mich in diesem Fahrstuhl sehr, sehr wohl. Das Licht und die Musik vermitteln mir Heilenergien, Kraft und Freude. Ich genieße meinen Aufenthalt im Fahrstuhl. ...

Ich möchte jetzt noch ein anderes meiner früheren Leben aufsuchen. Ich möchte in jenes Leben zurückkehren, in dem ich ein sehr einfaches Leben führte. Und ich bitte wieder darum, daß mein Höheres Selbst mich begleiten möge. – Und der Fahrstuhl setzt sich langsam in Bewegung. ... Jetzt hält der Fahrstuhl. Die Türen öffnen sich. ...

i) Mein ärmstes Leben

Ich befinde mich dort, wo ich mich am liebsten aufgehalten habe. ... Ich blicke mich um. ... Alles ist mir so vertraut. ... Ja, das und das kenne ich genau. ... Ich schaue auf meinen

130

Körper und meine Füße hinab. Ich betrachte mir, was ich anhabe.... Ich befühle meinen Körper und mein Gesicht.... Ich betrachte mir meine Hände. ... Was schaffen diese Hände täglich? Was arbeite ich? ... Wie sieht mein tägliches Leben aus? ... Wovon lebe ich? ... Was esse ich? ... Wie heiße ich? ... In welchem Land befinde ich mich? ... Weiß ich auch das Jahrhundert, in welchem ich mich befinde? ... Wo wohne ich? ... Ich sehe mir genau an, wo und wie ich wohne. ... Mit wem wohne ich zusammen? ... Was erfreut mich am meisten? ... Was verbindet mich mit den anderen? ... Wie heißen sie? ... Bin ich verheiratet? Wenn ja, mit wem? ... Wie ist unser Verhältnis? ... Haben wir Kinder? Wer sind sie? ... Bin ich und sind wir glücklich? ... Haben wir vor irgend etwas Angst? Wovor? Ich kann alles gelassen betrachten. ... Haben wir Feinde? ... Wer sind unsere Feinde? ... Kenne ich reiche Leute? ... Beneide ich sie? ... Was halte ich von Gott? ... Glaube ich an ein Leben nach dem Tod? ... Wenn ja, wie stelle ich mir ein Leben nach dem Tod vor? ... Wie alt bin ich geworden? ... Rückblickend besehe ich mir nun die wichtigsten Stationen meines Lebens.......

Ich möchte nun mein Höheres Selbst bitten, mir zu sagen, was ich in diesem Leben lernen sollte.... Inwieweit wird mir das Gelernte in späteren Leben zugute kommen? ... Habe ich in jenem Leben Karma aufgeladen? ... Wodurch und wie werde ich es einmal abtragen müssen? ... Wenn ich jetzt noch Fragen an mein Höheres Selbst stellen möchte, dann frage ich jetzt.......

j) Rückkehr in den Fahrstuhl

Ich befinde mich wieder in meinem Fahrstuhl und erfreue mich an dem Licht und der Musik. Ich nehme mir vor, daß ich alles, was ich soeben und vorhin gesehen, erlebt, gehört, gefühlt und erfahren habe, präsent in meinem Gedächtnis habe, um mich jederzeit nach Belieben genau daran erinnern zu können.... Ich lasse die Heilenergien, die mir in diesem Fahrstuhl durch das Licht und die Musik vermittelt werden, durch meinen Körper fließen. Mein ganzer Körper füllt sich mit heilender Kraft. ... Ich fühle mich nun gestärkt und voller Energie. Ich bin sehr glücklich.

Ich bedanke mich bei meinem Höheren Selbst für seine Begleitung und Beratung. Ich wäre glücklich, wenn wir auch weiterhin in Kontakt bleiben.

Ich möchte jetzt zurückkehren in das Jahr ... nach (Ort) ..., in den Saal ... (Raum, Zimmer), in den ich mich vorher hingelegt oder hingesetzt habe. ... Und der Fahrstuhl setzt sich langsam in Bewegung.

Ich nehme mir nochmals vor, daß ich mich an alles, was ich gerade in den drei Leben erlebt, gesehen, gehört, gefühlt und erfahren habe, genauestens erinnern kann. Jetzt hält der Fahrstuhl. Die Türen gehen auf. ...

k) Rückkehr in die Gegenwart und Aufwachen

Ich nehme mich wieder auf meinem Platz wahr, den ich vorher eingenommen hatte. ... Ich fühle mich sehr wohl. Ich nehme wieder meinen Atem wahr. Mit jedem Atemzug werde ich jetzt wacher und wacher. ... Ich konzentriere mich jetzt auf die Stimme von ... (Name des GRFL) und höre, wie er sagt:

Ich zähle jetzt von 21 bis 25. Und wenn ich 25 sage, dann öffnen wir (!) wieder unsere Augen.

Einundzwanzig! Wir bewegen unsere Zehen. ...

Zweiundzwanzig! Wir bewegen unsere Finger. ...

Dreiundzwanzig! Wir bewegen unsere Knie. ...

Vierundzwanzig! Wir bewegen unsere Ellbogen und strecken uns. ...

Fünfundzwanzig! Wir öffnen unsere Augen.

Die Einzelrückführung

Vieles, was die Einzelrückführung betrifft, ist schon im Zusammenhang mit der Gruppenrückführung in den vorangehenden Kapiteln beschrieben worden.

Bei der Einzelrückführung sollen vornehmlich vergangene Leben nachvollzogen werden, während Aufklärung und Lösung von heutigen Problemen, die aus früheren Leben resultieren, nicht beabsichtigt sind. Es geht hierbei nicht um einen physischen oder psychischen Heilzweck, sondern um eine Wissens- und Bewußtseinserweiterung. Daß mit letzterer auch Erkenntnisse gewonnen werden, die oft zum »Heile« dienen, ist ein Nebenresultat.

Bei einer Rückführungstherapie hat man einen Patienten vor sich, dem es darum geht, wieder heil, gesund und ganz zu werden. Er möchte mit sich und seiner Umwelt in Harmonie geraten. Der Klient einer Einzelrückführung will Auskunft über seine Vergangenheiten. Ein Befähigter soll ihn an die Eingangspforten seines Unterbewußtseins begleiten und ihm die Sicherheit geben, nicht steckenzubleiben oder verlorenzugehen. Der Klient möchte unbeschadet, jedoch mit reichen Wissens- und Erkenntnisschätzen versehen, wieder zum Ausgangspunkt, zur Gegenwart also, zurückgeführt werden. So gesehen ist der Interessent an einer Rückführung ein Schatzgräber seiner selbst, während der Rückführungsleiter ihm den Spaten dazu in die Hand drückt, ihn während seines Grabens in der Tiefe gegen Störungen schützt, ihm Hinweise gibt, an welchen Stellen er vielleicht am besten graben solle, und ihn dann in seiner Tätigkeit aufhören läßt, wenn genügend Schätze aus den Tiefen ans Licht gehoben worden sind. Denn diese sollen ja auch noch alle bei Tageslicht genau besehen werden.

Somit liegt es im Ermessen des Rückführungsleiters, wie lange er jemanden in einem Stollen graben läßt, wann er ihn auffordert, an einer anderen Stelle zu graben, und wann er mit dem Fahrstuhl wieder ans Tageslicht gebracht werden soll.

Die Vorteile der Einzelrückführung

Während seiner »unterirdischen« Tätigkeit hat der Zurück-geführte den Vorteil, mit dem Rückführer in Rapport zu sein, in etwa so, als ob beide sich über ein Walkie-talkie ver-ständigen. Der Rückgeführte teilt dem Rückführungsleiter mit, was er entdeckt und sieht, und dieser gibt ihm seiner-seits Anweisungen, wie er weiterhin in seiner Tätigkeit vor-gehen soll, um viel auszugraben.

Durch diesen Dialog während der Rückführung kann der Rückführungsleiter das Arbeitstempo des Zurückgeführten ermessen und dementsprechend die neuen Arbeitsvorgänge langsamer oder schneller beeinflussen.

Hat der Zurückgeführte einen besonders interessanten Fund gemacht, kann der Einzelrückführungsleiter (ERFL) diesen von allen Seiten besehen und erforschen lassen. Bei unergiebigen oder uninteressanten Funden wiederum kann er ihn auffordern, an anderen Stellen weiterzusuchen. Dies ist der wesentliche Vorteil bei einer Einzelrückführung.

Ein anderer Vorteil ist, daß der Teilnehmer immer wieder in ein interessantes Leben zurückgeführt werden kann, um es mehr und mehr und in allen Einzelheiten zu erkunden. Nach mehreren Einzelrückführungen ergibt sich so ein ab-gerundetes Leben, über das man eine Autobiographie ver-fassen könnte. Auf diese Weise ist zum Beispiel das hochin-teressante Buch über das Leben eines ägyptischen Priesters (Weden a.a.O.) entstanden.

Stößt jemand während seiner Rückführung auf dramati-sche Vorgänge, die ihm bei dem Wiedererleben besonders zusetzen, hat der ERFL die Möglichkeit, entweder die Szene wechseln zu lassen, indem er sagt: *Gehe (Gehen Sie) ein hal-bes Jahr voran (oder ein halbes Jahr wieder zurück)*, oder das Erlebnis zu dosieren, indem er es in Einzelaspekte zer-legt oder den Zurückgeführten auffordert, das Geschehen ganz gelassen anzusehen und entweder eine Betrachterrolle einzunehmen oder gar das Höhere Selbst einzuschalten, das ihm das Geschehen aus einer höheren Perspektive erläutert.

Ein weiterer Vorteil gegenüber der Gruppenrückführung ist der, daß das Berichtete unmittelbar auf eine Tonkassette aufgenommen werden kann, um später von dem Betreffenden immer wieder nach Wunsch abgehört zu werden. Ihm werden dabei Einzelheiten einfallen, über die er nichts berichtet hat und die er sich jetzt notieren kann.

Die Einzelrückführung als Lebens- und Bewußtseins-Erweiterung

Hat man als ERFL einen besonders fähigen Klienten, werden diesem auch alle karmischen Zusammenhänge zwischen seinen verschiedenen früheren Leben und seinem jetzigen Leben – meist vom Höheren Selbst – erschlossen und verständlich gemacht werden können. Der Gewinn für den Klienten ist oft von lebensverändernder Bedeutung im positivsten Sinne. Er wird viele der großen Rätsel über seine Persönlichkeit und über seine Aufgaben und Freunde gelöst bekommen, so daß sein Leben in allen seinen Ausrichtungen einen Sinn erhält und er dadurch frei wird, in anderen – vielleicht auch höheren – Dimensionen zu forschen.

Wer es sich leisten kann oder will, in seine früheren Leben in mehreren oder vielen Sitzungen hinabzusteigen, wird sicherlich für sein heutiges Leben sehr viel gewinnen können.

Die Auswahl der früheren Leben

Zu Beginn von Einzelrückführungen könnte man jene Leben auswählen, die ich schon für Gruppenrückführungen erwähnt habe. Man hat aber auch andere Möglichkeiten – zum Beispiel chronologisch vor- oder rückwärts zu gehen. Der Klient kann auch seine Vorlieben für bestimmte Länder, ihm nahestehende Personen, für Talente oder Charaktereigenheiten nennen, und der ERFL wird versuchen, ihn an die Quellen zu führen, die natürlich nicht immer in früheren Leben oder in der jetzigen Vergangenheit beheimatet liegen müssen. Eine Vorliebe für Italien kann – einer Ähnlichkeit wegen – auf ein Leben in Atlantis zurückgehen. Ein Talent in Kunst oder Handwerk mag auf jenseitige Hilfen zurückzuführen sein. (Viele Chirurgen erhalten zum Beispiel inspiratorische und fingerfertige Hilfen.) Eine besondere Zuneigung zu einer Person kann auf einer »gleichen Wellenlänge«, auf einer jenseitigen Beziehung oder auf einer Ähnlichkeit mit einer anderen geliebten oder verehrten Person beruhen. Doch in den meisten der oben genannten Fälle wird man die Ursachen in früheren Leben aufsuchen können. Die Einzelrückführungen bieten eines der spannendsten und gewinnbringendsten Abenteuer. Man muß nicht mehr die ganze Welt bereisen, um Abenteuer zu finden – die Reise nach innen offenbart oft die größten Abenteuer, wie sie die Gegenwart oft gar nicht anbieten kann. Stammt jemand in einem früheren Leben aus einer anderen Galaxis, so werden für ihn auch Science-fiction-Romane langweilig. Wenn er sich in den jenseitigen Ebenen sieht, werden ihm große Erkenntnisse zuteil, weil er dann die Münze nicht mehr von einer, sondern von zwei Seiten betrachten kann. Gelingt es ihm, seine zukünftigen Leben zu durchforschen, dann wird ihm auch seine Weiterentwicklung klar, und er begreift sein jetziges Leben als ein wichtiges Glied eingereiht in einer spiralförmig nach oben verlaufenden Kette innerhalb seiner spirituellen Evolution, die in der unendlichen Liebe enden oder dort erst richtig anfangen mag.

Hinweise für den Einzelrückführungsleiter (ERFL)

Der Einzelrückführungsleiter muß sicherlich nicht eine solche Führungspersönlichkeit darstellen wie der Gruppenrückführungsleiter. Doch er muß seinem Klienten auch das Vertrauen einflößen, daß es sich bei ihm um einen kompetenten Fachmann handelt, der sein Handwerk versteht. Der ERFL muß ein gefestigtes Konzept haben, denn der Klient will ja geführt werden. Ist dieser selbst eine starke Führungspersönlichkeit, oder zweifelt er die Kompetenz des ERFL an, wird er wohl nur schwer dessen Anweisungen auch während der Rückführung nachvollziehen können. In gewisser Weise gibt der Klient dem ERFL die Hand, um sich von ihm durch einen dunklen Raum sicher hindurchführen zu lassen. Ein solches Vertrauen seitens des Klienten dem Rückführungsleiter gegenüber muß zumindest vor einer Rückführung hergestellt sein.

Deshalb bedarf es bei jedem neuen Klienten eines Vorgesprächs, bei dem diese Vertrauensbasis hergestellt werden muß. Kommt eine solche weder von der einen noch von der anderen Seite zustande, sollte man auch keine weiteren gemeinsamen Schritte unternehmen. Bildet sich jedoch während des Vorgesprächs die Vertrauensbasis, kann der Einzelrückführungsleiter mit dem Klienten einen Vortest vornehmen, den ich jetzt wiedergeben möchte:

Der Test mit den gefalteten Händen

Darf ich Sie bitten, einmal Ihre Hände zu falten und diese genau im Auge zu behalten, während Sie auf meine Worte hören. ... Die Hände sind gefaltet. Sie wachsen nun immer mehr zusammen. – Die Finger verschränken sich derartig miteinander, daß sie immer mehr wie aneinandergeschmie-

det sind. – Die Hände wachsen immer mehr aneinander. –
Die Hände und Finger werden immer mehr aneinanderge-
schmiedet. – Jetzt sind sie schon ganz fest zu einem Ganzen
geworden. – Sie schmieden sich noch fester und fester anein-
ander. – Noch fester. – Jetzt sind sie ganz eins. – Sie können
sich gleich davon überzeugen, daß sie ganz zusammenge-
wachsen sind und daß Sie sie, wenn ich Sie dazu auffordere,
nicht auseinander nehmen könnten, denn sie sind fest anein-
andergeschmiedet. Sie sind ganz eins. – So, jetzt versuchen
Sie es einmal. Sie werden sehen, daß es nicht geht. – Und je
mehr sie es versuchen, um so weniger gelingt es ihnen, sie
auseinanderzubringen. (Der Klient versucht vergeblich, die
Hände voneinander zu trennen.) – *Sie sehen, daß die Hände*
völlig ineinander verschränkt und zu einem geworden sind.
– Ich zähle jetzt bis drei, und dann können Sie ohne Schwie-
rigkeiten wieder Ihre Hände auseinander nehmen. – Eins,
zwei, drei. –

In den meisten Fällen gelingt dieser Test – von Emil Coué
so gerne demonstriert – und versetzt die Klienten in Erstaunen. Damit ist schon eine Vertrauensbasis zum Rückführungsleiter hergestellt, während es für den ERFL ein siche-
res Anzeichen ist, daß sich der Klient gut in einen mittleren
bis tiefen Alpha-Zustand zurückversetzen läßt.

Sollte dieser Test negativ ausfallen, kann es unter anderem auch daran gelegen haben, daß sich der Klient nicht
konzentrieren konnte oder wollte, da ihn eine innere Unruhe, Nervosität, äußere Störfaktoren oder ähnliches davon
abgehalten haben. Es empfiehlt sich also, nach weiterem
Miteinander-Warmwerden im Gespräch, diesen Test oder
einen ähnlichen (zum Beispiel: *Ihr Arm – oder Mittelfinger –*
wird jetzt leichter und leichter. – Er hebt sich ganz allmäh-
lich) zu wiederholen. Sollte dieser auch dann nicht positiv
ausfallen, muß sich der ERFL darüber klar sein, daß es
schwer werden dürfte, diese Person in ihre früheren Leben
zurückzuversetzen – auch wenn er eine hypnotische Methode anwenden sollte. Wenn er diese beherrscht, sollte er
bei dem Klienten einen Hypnosetest vornehmen. Der ERFL
versetzt den Klienten in Hypnose und läßt ihn sich anschlie-

ßend rückwärts zum ERFL stellen. Der ERFL fordert daraufhin den Klienten auf, ganz steif zu werden und sich auf sein Zeichen wie ein Brett nach hinten fallen zu lassen, wo er aufgefangen wird.

Fällt auch dieser Test negativ aus, wäre es besser, dem Klienten zu sagen, daß ein weiteres gemeinsames Vorgehen hinsichtlich der Erkundung früherer Leben vorläufig fruchtlos bleiben würde, und ihn auf mögliche Schritte hinzuweisen, die als Vorübungen für Rückführungen zu praktizieren wären.

Vorkehrmaßnahmen

Was hinsichtlich bei Gruppenrückführungen über die Atmosphäre des Raumes (S. 133) gesagt worden ist, gilt auch für die Einzelrückführungen. Daß ein solcher Raum außerdem vor Lärmbelästigungen abgesichert ist, versteht sich. Der Klient sollte für die Rückführungen zwischen einem gemütlichen Sessel oder einer Couch selbst die Wahl treffen können, wobei ihm nach Wunsch Decke und Kissen zur Verfügung stehen sollte.

Nachdem im Vorgespräch die Vertrauensbasis hergestellt und der Test positiv verlaufen ist, berät sich der ERFL mit seinem Klienten über das Programm und erklärt ihm dann seine Vorgehensweise, wie er ihn auch auf dessen Verhalten während der Einleitungs- und Rückführungsphase hinweist (vgl. S. 116).

Sobald der Alpha-Zustand hergestellt ist, könnte der ERFL nochmals den Armtest vornehmen lassen. Sollte es sich um erste Rückführungen bei dem Klienten handeln, dann ist zuerst die Rückführung in die jetzige Kindheit vorteilhaft. Denn hier kann schon der Rapport zwischen beiden hergestellt und – was Lautstärke und Deutlichkeit betrifft – aufeinander abgestimmt werden. Ebenso hebt auch hier schon der Zurückgeführte auf Aufforderung hin seinen Zeigefinger, sobald er Bilder seiner Kindheit sieht. Dieses Fingerheben ist für den ERFL das Zeichen, daß er den Klienten jetzt zum Sprechen auffordern kann. An dem Ermessen, aber auch an der Geschicklichkeit der Rückführung liegt es, wieviel der Rückgeführte sieht und erlebt.

Sollte der Klient mit den Augen flackern, so ist dies kein Indiz, daß er sich nicht mehr im Alpha-Zustand befindet. Selbst wenn er die Augen öffnet, diese jedoch dabei starr bleiben, muß es kein Hinweis sein, daß der Zurückgeführte wieder in den Beta-Zustand zurückgekehrt ist. Trotzdem empfiehlt es sich, eine erneute Suggestion für das Augenschließen einzugeben.

Ist man sich als ERFL am Ende einer Rückführung nicht sicher, ob sich der Klient aufgrund seiner Bewegungen noch im Alpha-Zustand befindet, so muß trotzdem die vollständige Rückleitung (Zählung 21 bis 25) durchgeführt werden. Geht jedoch aus den Bewegungen während der Rückführung eindeutig hervor, daß der Klient wach ist, so ist die Rückführung abzubrechen, jedoch ist trotzdem die Rückleitung sicherheitshalber vorzunehmen, denn wenn man eine Sitzung abbricht, ohne die Rückleitung durchzuführen, könnte der Klient unter Umständen noch eine ganze Zeit wie benommen – obwohl mit offenen Augen – dasitzen und nur langsam auf Fragen reagieren. Sollte solch ein Fall einmal vorkommen, gibt man den Befehl ein, wieder die Augen zu schließen, sich wohl und zufrieden zu fühlen, und führt dann die volle Rückleitung in die Gegenwart durch.

Wenn der Zurückgeführte bei früheren Erlebnissen oder Personen nichts sehen oder erleben will, so ist das zu respektieren. Vielleicht handelt es sich bei solchen Erlebnissen um einschneidende Schlüsselerlebnisse, die auch heute noch Nachwirkungen haben. An solche Problemwurzeln sollte sich nur ein Therapeut wagen, der bei einem Ausbruch richtig reagieren und eine Ausheilung herbeiführen kann.

Das Höhere Selbst, das den Klienten im Vorgespräch erklärt worden war, sollte auch bei Einzelrückführungen der Vermittler für das Erkennen von karmischen Verknüpfungen wie auch anderen Zusammenhängen zwischen den einstigen und den heutigen Leben und vor allem von höheren Erkenntnissen sein. Weiß der ERFL mit diesem Zauberstab richtig umzugehen, so wird jede Rückführung zu einem besonderen Erlebnis, sowohl für den Zurückgeführten als auch für den Rückführer.

Nach einer Einzelrückführung sollte immer noch genug Zeit eingeplant sein, um wenigstens auf die wichtigsten Erlebnisse eingehen zu können, weiterhin um Fragen zu klären und zum anderen über das Vorgehen der weiteren eventuellen Rückführungen zu reden und diese zu planen. Somit wird ein Rückführungstermin wenigstens mit anderthalb bis zwei Stunden anzusetzen sein, während die Anzahl der Rückführungen dem Belieben des Interessenten anheim gestellt bleiben sollte. Auch wäre es sicherlich von Vorteil, nur einmal pro Woche eine Einzelrückführung vorzunehmen, um dem Interessenten genügend Zeit einzuräumen, in der er über das Erlebte nachdenken kann und sich überlegt, was er bei seiner nächsten Rückführung erkunden möchte.

Einzelrückführung in das letzte Leben samt Todeserlebnis und dem Leben nach dem Tod

– Komplette Rückführung –

Im folgenden wird eine gesamte Einzelrückführung wiedergegeben. Wie erwähnt, demonstriere ich hier die verkürzte Count-Down-Entspannungsmethode von 10 bis 1. Dies ist die CDE-Methode für Fortgeschrittene. Bei Anfängern auch für Einzelrückführungen und Selbstrückführungen muß also die CDE-Methode mit der Rückwärtszählung von 20 bis 1 angewendet werden, wie sie auf S. 122 ff. demonstriert worden ist.

Duzen oder Siezen

Für die Einzelsitzung liegt es im Ermessen des Einzelrückführungsleiters, ob er die Rückführung in der Ich-, Du- oder Sie-Form durchführt. Es versteht sich, daß man die Du-Form nur dann benutzt, wenn sie von vornherein feststeht oder wenn sie während des Vorgespräches mit dem Interessenten abgesprochen wurde. Hat der ERFL im Vorgespräch den Klienten gesiezt und gebraucht während der CDE-Phase ohne dessen vorherige Einwilligung die Du-Form, kann diese Vorgehensart auf den Klienten blockierend wirken. Ich wähle aus diesen Gründen anfänglich die Sie-Form, bevor ich in die Ich-Form überwechseln werde. Will man, was natürlich auch möglich ist, während der ganzen Rückführung die Sie-Form beibehalten, so kann diese Anredeform bei Klienten im tiefsten Alpha- oder gar Theta-Zustand die Frage aufwerfen lassen: »Wer siezt mich eigentlich?« – Und manchmal wird diese Frage auch laut gestellt, wenn man mit der zurückgeführten Person in Rapport steht.

Heben des Zeigefingers

Wenn es sich bei dieser Einzelrückführung nicht um eine stille Rückführung handelt, sondern um eine, bei der der Rückgeführte über das Gesehene und Erlebte berichtet, sollte man ihn auffordern, laut und vernehmlich zu sprechen. Das Mikrophon ist nahe an seinen Mund zu halten, wenn man das Gesprochene aufnehmen will.

Ist man bei einem Ereignis der Kindheit angelangt, dann fordert der ERFL den Klienten auf: *Heben Sie den linken (rechten) Zeigefinger, sobald Sie etwas sehen.* Diese Aufforderung wird nur bei den ersten Stationen nötig sein, da er später von selbst über das Erlebte sprechen wird, sobald der Rückführer ihn bittet: *Berichten Sie, was Sie jetzt erleben.* Ich demonstriere im folgenden eine »stille« Einzelrückführung, bei welcher der Rückgeführte im nachhinein erst über das Erlebte berichten wird. Doch kann die gleiche Rückführungsmethode für die Dialog-Rückführung verwendet werden.

In dieser Rückführung soll auch der Tod des letzten Lebens und all das, was sich im Anschluß daran und im weiteren Verlauf ereignete, nachvollzogen werden. Es versteht sich, daß man so eine Rückführung nicht für Anfänger auswählt.

a) Die verkürzte Count-Down-Entspannungs-methode von 10 bis 1

Zehn! Ihre Augen schließen sich jetzt und bleiben bis zum Ende der Rückführung geschlossen. Sie sehen die Zahl 10 vor sich, oder Sie schreiben sie mit Ihrer unsichtbaren Hand auf eine helle Wand mit Farbkreide auf. ... Sehen Sie sich diese Zahl genau an, wie auch alle folgenden Zahlen. Bei jeder von mir genannten Zahl werden Sie sich mehr und mehr lockern und entspannen.... Versuchen Sie, die Zahl 10 noch immer im Auge zu behalten, bis ich auf etwas anderes zu sprechen komme.... Und nun konzentrieren Sie sich bitte auf Ihre unsichtbaren Hände. Mit diesen massieren Sie Ihre Füße und dann Ihre Beine. ... Empfinden Sie gleichzeitig mit, wie angenehm diese Massage für Ihre Füße und Beine ist. ... Die Füße und Beine lockern sich jetzt, lockern sich, lockern sich, entspannen sich immer mehr und mehr. ... Und wiederholen Sie diese Massage. ... Die Füße und Beine lockern sich, lockern sich, entspannen sich, lockern sich. ...

Neun! Sie sehen die Zahl 9 vor sich oder schreiben sie an eine Wand. ... Mit jeder weiteren Zahl entspannen und lockern Sie sich mehr und mehr, und je mehr Sie sich lockern, um so mehr können Sie loslassen und sich wohl fühlen. ... Konzentrieren Sie sich noch auf die Zahl 9. ... Und nun nehmen Sie wieder Ihre unsichtbaren Hände und massieren damit Ihren Bauch und Ihren gesamten Brustkorb. ... Der Bauch und der Brustkorb lockern sich jetzt, lockern sich, entspannen sich, lockern sich immer mehr und mehr. ... Auch Ihre Lungen entspannen und lockern sich. ... Sie atmen tief und gleichmäßig. ... Konzentrieren Sie sich jetzt auf Ihren Atem, auf das Ein- ... und Ausatmen. ... Und bei jedem weiteren Atemzug entspannen und lockern Sie sich mehr und mehr. ...

Acht! ... Sie sehen die Zahl 8 vor sich. ... Schauen Sie sich diese 8 genau an, oder malen Sie diese Zahl an eine Wand. ... Konzentrieren Sie sich auf diese Zahl. ... Mit Ihren unsichtbaren Händen massieren Sie jetzt Ihren ganzen Rücken samt Gesäß und den Schultern. Fühlen Sie, wie wohltuend Ihnen diese Massage tut. Die ganze Rückenseite Ihres Rumpfes lockert sich jetzt, entspannt sich, lockert sich immer mehr und mehr. ... Eine angenehme Wärme breitet sich über den ganzen Rücken aus. ... Der ganze Rücken ist jetzt gelockert und entspannt. ...

Sieben! ... Sie sehen die Zahl 7 vor sich oder malen sie auf. ... Schauen Sie sich diese Zahl genau an. ... Der Nacken und der Hals lockern und entspannen sich jetzt. ... Alle Muskeln und Nerven des Halses und des Nackens entspannen sich, lockern sich, lockern sich. ... Hals und Nacken sind jetzt gelockert und entspannt. ... Der ganze Kiefer- und Mundraum lockert sich jetzt, lockert sich, lockert sich immer mehr und mehr. . . . Fühlen Sie, wie die Zunge sich lockert. . . . Auch die Lippen lockern und entspannen sich. . . . Der ganze Mund- und Kieferraum ist jetzt gelockert, entspannt, gelockert. . . .

Sechs! . . . Sie sehen die Zahl 6 genau vor sich. . . . Konzentrieren Sie sich auf diese Zahl. . . . Der Nasen- und Rachenbereich lockert sich jetzt, lockert sich, entspannt sich, lockert sich. . . . Die Augenlider sind fest geschlossen. . . . Meine (!) Augen sind ganz gelockert und entspannt, gelockert, gelockert. Auch meine Ohren entspannen und lockern sich jetzt. . . . Ich fühle mich immer wohler, entspannter, gelockerter. . . .

Fünf! . . . Ich sehe die Zahl 5 genau vor mir. . . . Mit meinen unsichtbaren Händen massiere ich jetzt meinen ganzen Kopf. . . . Ich fühle, wie angenehm das ist. . . . Während dieser Massage lockern und entspannen sich alle Teile des Kopfes wie auch die gesamte Kopfhaut. . . . Der ganze Kopf ist jetzt gelockert, gelockert, entspannt, gelockert. . . . Ich fühle mich sehr wohl. . . .

Vier! . . . Ich sehe die Zahl 4 vor mir. . . . Meine Arme, Hände und Finger entspannen sich jetzt, lockern sich, entspannen sich, lockern sich. . . .

Drei! . . . Alle Muskeln meines Körpers sind jetzt gelockert und entspannt. . . .

Zwei! . . . Alle Nerven meines Körpers sind jetzt gelockert und entspannt, gelockert und entspannt. . . .

Eins! Eins! Eins! . . . Ich fühle mich ganz eins. Ich fühle mich sehr, sehr wohl. . . . Ich möchte zuerst zurückkehren in meine Kindheit und meinen dritten Geburtstag wieder erleben.

b) Rückkehr in die Kindheit und in den Bauch der Mutter

Ich werde jetzt immer jünger und jünger. Und je jünger und kleiner ich werde, desto wohler fühle ich mich. . . . Ich nähere mich jetzt meinem dritten Geburtstag. . . . Jetzt bin ich dort angelangt. Heute werde ich drei Jahre alt. Ich wache am Morgen auf. Wie fühle ich mich? . . . Wo befinde ich mich? . . .

Welche Person sehe ich zuerst? ... Wer gratuliert mir zuerst zum Geburtstag? ... Was habe ich an diesem Tag an Geschenken erhalten? ... Über welches Geschenk habe ich mich am meisten gefreut? ... Was war mein schönstes Erlebnis an diesem Tag? ...

Ich verlasse nun meinen Geburtstag und werde wieder kleiner und kleiner und fühle mich immer wohler, je kleiner ich werde. ... Ich befinde mich jetzt im Bauch meiner Mutter. Sie befindet sich im siebten Monat. Wie fühle ich mich im Bauch meiner Mutter? Was nehme ich wahr? ... Höre ich Töne? Welche? ... Kann ich Stimmen unterscheiden? ... Wen habe ich am liebsten? ... Weiß ich, wer ich bin? ... Weiß ich, weshalb ich auf die Erde komme? ... Kann ich mich an früher erinnern, bevor ich in den Bauch meiner Mutter eingedrungen bin? An was kann ich mich erinnern? ...... Weiß ich schon, was ich einmal später als Beruf ausüben werde? ... Was war bisher mein schönstes Erlebnis im Bauch meiner Mutter? ...

Ich werde jetzt wieder kleiner und kleiner und fühle mich dabei immer wohler und wohler. Und jetzt bin ich dort, wo ich war, bevor ich in den Bauch meiner Mutter eingedrungen war.

c) Der fiktive Zwischenzustand

Ich bin umgeben von einem dichten Nebel aus Licht. ... Ich fühle mich sehr, sehr wohl. ... Alles ist angenehm: das Licht, die Wärme. Eine ständige Freude wohnt in mir. ... Ich genieße dieses herrliche Wohlgefühl in diesem Lichtnebel. ... Ich möchte gerne in mein vorangegangenes Leben zurückkehren. Doch sollte dieses nur sehr kurz gewesen sein, dann möchte ich in ein diesem vorangegangenes Leben zurückkehren. ... Ich bitte mein Höheres Selbst, mich bei diesem Besuch in mein vorangegangenes Leben zu begleiten und mich auf alles Wichtige hinzuweisen, damit ich viel wissen und erkennen möge, was auch für mein nächstes Leben von Bedeutung sein könnte. ... Und jetzt bitte ich mein Höheres

Selbst, mir die Richtung zu weisen, die ich durch den Licht-
nebel gehen muß, um in jenes erwünschte Leben zu gelan-
gen. . . . Jetzt zerteilt sich der Nebel. . . .

d) Das vorangegangene Leben

Ich erblicke vor mir eine mir sehr vertraute Gegend. . . . Jetzt
stehe ich in ihr. . . . Ich sehe mich nach allen Seiten um. . . . Ich
erkenne alles wieder. . . . Ich begebe mich jetzt zu jenem Ort,
an dem ich mich am längsten aufgehalten habe. . . . Wo
wohne ich? In welchem Haus? . . . Was war meine Tätigkeit?
. . . Womit habe ich mich am liebsten beschäftigt? . . . Wie
heiße ich? Eins, zwei, drei! . . . An welchem Ort bin ich gebo-
ren worden? Wie heißt er? . . . Wohne ich auch jetzt noch an
jenem Ort? . . . Wenn nicht, wie heißt der jetzige? . . . Wie lau-
tet mein komplettes Geburtsdatum? Eins, zwei, drei! . . .
Weiß ich auch meine Geburtsstunde? Wenn nicht, wird sie
mir mein Höheres Selbst sagen. Eins, zwei, drei! . . . War ich
verheiratet? . . . Wenn ja, wie hieß mein Partner? . . . Was hat
uns verbunden? . . . Liebten wir uns? . . . Was konnten wir
voneinander lernen? . . . Hatten wir Kinder? Wenn ja, wie
hießen sie? . . . Was ist aus ihnen geworden? . . . Welch andere
Personen standen mir in jenem Leben nahe? Wie hießen sie?
. . . Was verband uns miteinander? . . . Welche Personen aus
diesem Leben werde ich in meinem nächsten Erdenleben
wiedersehen? Wer werden sie dann sein? . . . Ich bitte mein
Höheres Selbst, mir zu erklären, warum wir uns im nächsten
Leben wiedersehen werden? . . . Gibt es karmische Zusam-
menhänge zwischen diesen Personen und mir? . . .
Ich befinde mich nun ein halbes Jahr vor meinem Tode.
Wie alt bin ich jetzt? . . . Wie fühle ich mich? . . . Bin ich mit
meinem Leben zufrieden? . . . Was hätte ich besser machen
sollen oder können? . . . Was glaube ich, gut und richtig ge-
macht zu haben? . . . Ich lasse nochmals ganz allmählich die
Hauptstationen und Haupterlebnisse meines Lebens vor mir
wie in einem Film vorbeiziehen und kann mir alles ganz ge-
lassen ansehen. Ich beginne mit meinem Elternhaus. . . .

Und nun nähere ich mich wieder meinem Todesjahr. . . . Bin ich dankbar für jenes Leben? . . . Welchen Glauben habe ich? . . . Wie stelle ich mir Gott vor? . . . Glaube ich an ein Leben nach dem Tod? . . . Habe ich Angst vor meinem Tod? . . . Spüre ich, daß ich bald sterben werde? An was hänge ich in diesem Leben am meisten? . . . Wen liebe ich am meisten? . . . Besteht eine karmische Verbindung zwischen uns? . . . Ich bitte mein Höheres Selbst, mir weiterhin zu erklären, was ich in diesem Leben lernen sollte? . . . Habe ich mein Lernpensum erfüllt? . . . Worin habe ich gefehlt? . . . Gibt es etwas, das ich im näch-sten Leben nachzuholen habe? Wenn ja, was ist es? . . . Habe ich mir in diesem Leben Karma aufgeladen, das sich im nächsten Leben auswirken wird? . . . In welcher Weise wird es sich auswirken?

e) Das Erlebnis des Todes

Ich werde jetzt mich langsam meinem Lebensende nähern und kann alles ganz gelassen und ruhig mitverfolgen. Ich befinde mich jetzt drei Monate vor meinem Tod, . . . nun zwei Monate, einen Monat, zwei Wochen, eine Woche. Weiß ich schon, daß es mit meinem Leben zu Ende geht? . . . Jetzt sind es nur noch drei Tage, zwei Tage, einen Tag, zehn Stunden, fünf Stunden, drei Stunden, zwei Stunden, eine Stunde, dreißig Minuten, fünfzehn Minuten, zehn Minuten, fünf, drei, zwei Minuten, eine Minute, zehn Sekunden, neun, acht, sieben, sechs, fünf, vier, drei, zwei, eins – und nun habe ich die Grenze überschritten. Wie fühle ich mich? . . . Weiß ich, daß ich gerade gestorben bin? . . .

f) Das Leben nach dem Tod

Wie nehme ich mich wahr? . . . Habe ich einen neuen Körper? . . . Sehe ich meinen leblosen Erdenkörper vor mir? . . . Was empfinde ich für ihn? . . . Beobachte ich irgendwelche Leute, die sich um meinen toten Erdenkörper gestellt haben? Wer ist es? ... Was empfinde ich für sie? ... Was passiert mit mir in den Minuten und Stunden nach meinem Tod? ... Was kommt mir anders vor als zuvor im Erdenkörper? ... Begegne ich jemandem? ... Werde ich vielleicht abgeholt? Wenn ja, von wem? ... Findet ein Wortwechsel statt? Wenn ja, was wird gesagt? ... Was geschieht nun in den kommenden Tagen? Ich verfolge die Ereignisse der Reihe nach. ... Welche Erkenntnisse oder Ereignisse haben mich am meisten erstaunt? Was war meine nächste Station, wo ich mich längere Zeit aufgehalten habe? Wie sah es dort aus? Was hat sich ereignet? ... Bin ich noch gelegentlich zur Erde besuchsweise zurückgekehrt? Wenn ja, warum wollte ich nochmals zurück? ... War ich bei der Beerdigung meines Erdenkörpers anwesend? Wenn ja, was ereignete sich dort? Wie fühle ich mich? ... Welche Unterschiede erkenne ich zwischen der irdischen Welt und jener, in der ich mich nun aufhalte? ... Welche Erlebnisse haben mich dort am meisten erfreut? ... Habe ich bestimmte Leute aus meinem früheren Leben wiedergesehen? Wer waren sie? ... Worüber haben wir uns unterhalten? ... Welche Begegnung hat mich am meisten erfreut? ... Wo habe ich mich die längste Zeit aufgehalten? ... Wie sah es dort aus? ... Was habe ich dort gemacht? ... Was waren meine Lieblingsbeschäftigungen? ... Hatte ich auch irgendwelchen Pflichten nachzukommen? Wie sahen diese aus? ... Ich gehe nun durch meine neue Welt. Ich betrachte mir alles. ... Gibt es einen Ort, an dem ich am liebsten weilte? ... Gibt es besondere, sich wiederholende Ereignisse, auf die ich mich immer gefreut habe? ... Werde ich noch an mein vergangenes Leben erinnert? Wodurch geschieht dies? ... Wie denke ich über mein vergangenes Erdenleben? ... Habe ich neue Erkenntnisse darüber vollzogen? Gibt es irgend jemanden, mit dem ich mich über mein letztes Erdenleben unterhalte? Wer ist es? ... Worauf weist diese Person mich hin? ... Treffe ich jemanden, der so etwas wie mein Geistführer ist? ... Wer ist dieser, und worüber unterhalten wir uns? ... Inwiefern unterscheidet sich mein jetziges Weltbild von jenem, das ich auf Erden hatte? ...

g) Die Vorbereitung auf das nächste (heutige) Erdenleben

Ab wann denke ich an meine nächste Wiedergeburt auf Erden? ... Warum will ich wieder zurück auf die Erde? Was verspreche ich mir davon? ... Spreche ich mit jemandem darüber? ... Wie bereite ich mich jetzt im einzelnen darauf vor? ... Suche ich mir meine zukünftigen Partner und Freundschaften jetzt schon aus? ... Wenn ja, aus welchen Gründen will ich bestimmten Menschen begegnen? ... Kenne ich diese aus früheren Leben? ... Was versprechen sich diese Menschen davon, daß sie auf Erden gerade mit mir wieder zusammenkommen wollen? ... Suche ich mir meine zukünftigen Eltern aus? Aus welchen Gründen? ... Habe ich mir für das nächste Erdenleben bestimmte Aufgaben vorgenommen oder Ziele gesetzt? Wie sehen diese aus? ... Wie geht nun mein Reinkarnationsprozeß Schritt für Schritt vor sich? Ich kann alles ganz genau verfolgen. ...

h) Rückkehr in den Bauch der Mutter

In welchem Moment bin ich in den Bauch meiner Mutter gelangt? Wie alt war damals ihre Leibesfrucht? ... Blieb ich seitdem ständig im Bauch meiner Mutter, oder war ich vorläufig nur gelegentlich darin? ... Wo hielt ich mich sonst noch auf? ... Wie fühlte ich mich im Bauch meiner Mutter? ... Konnte ich mich noch an das, was ich vorher erlebte, zurückerinnern? ... Konnte ich mich vielleicht noch an frühere Leben zurückerinnern? Wenn ja, an welche? ... Und bis wann blieb mir die Erinnerung daran? ... Weiß ich im Bauch meiner Mutter, wo ich jetzt bin und was aus mir einmal werden wird? ... Kenne ich schon mein nächstes Erdenleben? ... Knüpfe ich irgendwelche Hoffnungen daran?

i) Rückkehr in die Gegenwart
(auszuwählen A oder B)

A) Das Erlebnis der eigenen Geburt

Bevor ich aus dem Bauch meiner Mutter geboren werde, nehme ich mir noch vor, daß ich mich an alles, aber auch wirklich an alles, was ich vorhin und soeben erlebt habe, weiterhin gut erinnern werden kann, so daß ich darüber nach Belieben berichten könnte. Ich fühle mich im Bauch meiner Mutter sehr wohl. Und nun erlebe ich meinen Geburtsvorgang. Ich kann alles ganz gelassen mitverfolgen. Ich bleibe ganz ruhig und registriere alles ohne Emotion. Jetzt verlasse ich den Körper meiner Mutter. Ich bin zur Welt gekommen. Ich kann ganz gelassen und ohne Aufregung meine Gefühle registrieren. . . . Wer hat mich zuerst in den Händen gehalten? . . . Was geschah dann im Laufe der nächsten Minuten und Stunden mit mir? . . . Ich werde wieder größer und größer. Mein Körper wächst. Ich fühle mich sehr wohl dabei. Und nun kehre ich in jenen Raum in . . . (Ort) in der . . . (Straße) zurück ins Jahr . . . (Zahl). Jetzt bin ich dort angekommen. Ich fühle mich sehr wohl. Wenn ich gleich die Augen öffnen werde, kann ich mich an alles, was ich erlebt habe, erinnern. Und nun konzentriere ich mich auf die Stimme des Herrn/der Frau . . . (Name) und höre wie er/sie sagt:

Ich zähle jetzt von 21 bis 25. Wenn ich 25 sage, dann öffnen Sie wieder Ihre Augen. Sie werden sich dann gleich an alles genauestens wieder erinnern können. Sie werden sich dann auch sehr wohl und erholt fühlen.

Einundzwanzig. Sie bewegen nun die Zehen.

Zweiundzwanzig. Sie bewegen jetzt Ihre Finger.

Dreiundzwanzig. Sie bewegen jetzt Ihre Knie.

Vierundzwanzig. Sie bewegen Ihre Ellbogen und strecken sich.

Fünfundzwanzig. Sie öffnen Ihre Augen.

B) Zurück durch den Lichtnebel

Ich befinde mich jetzt wieder im Lichtnebel und fühle mich sehr wohl. Wenn ich noch eine Frage an mein Höheres Selbst stellen möchte, dann stelle ich sie jetzt. . . . Ich bedanke mich bei meinem Höheren Selbst für seine Begleitung und alle erteilten Auskünfte. . . . Ich kann mich an alles, was ich über mein soeben gesehenes Leben erlebt habe sowie an alle anderen sich anschließenden Erlebnisse und Begegnungen gut erinnern. Alles werde ich gut und lange in meinem Gedächtnis behalten. Ich kehre jetzt zurück nach (Ort) in der (Straße) in das Jahr (Jahreszahl). Ich nehme mich wieder dort wahr, wo ich mich vorhin niedergesetzt (-gelegt) hatte, um die Reise in die Vergangenheit anzutreten. Ich vernehme jetzt wieder deutlich die Stimme von Frau/Herrn (Name). Ich konzentriere mich darauf. Und wenn ich gleich wieder die Augen öffne, werde ich mich sehr erholt und wohlfühlen und mich an alles Gesehene und Erlebte genauestens zurückerinnern können.

Ich höre jetzt, wie Frau/Herr (Name) sagt: Ich zähle jetzt bis 25. Und wenn ich 25 sage, öffnen Sie Ihre Augen wieder.

Einundzwanzig. Sie bewegen Ihre Zehen.

Zweiundzwanzig. Sie bewegen Ihre Finger.

Dreiundzwanzig. Sie bewegen jetzt Ihre Knie.

Vierundzwanzig. Sie bewegen Ihre Ellbogen und strecken sich.

Fünfundzwanzig. Sie öffnen Ihre Augen.

Die Selbstrückführung

Das Kapitel über die Selbstrückführung ist bewußt in diesem Buch ans Ende gesetzt worden. Der Leser sollte sich erst mit vielen Aspekten der Rückführung vertraut gemacht haben, bevor er zur eigenen, von ihm inszenierten Rückführung schreitet. Denn bei dieser ist er auf sich allein gestellt und voll verantwortlich für sich selbst. Er kann niemanden zu Rate ziehen und muß mit der Durchführung und den Ergebnissen selbst umzugehen wissen. Hat er erfolgreich an Gruppen- oder Einzelrückführungen teilgenommen, könnte in ihm wohl im nachhinein der Wunsch entstanden sein, selbst der Leiter seiner eigenen Rückführung zu werden.

Hierzu möchte ich den Leser nachdrücklich aufrufen, denn es gilt, das spannendste Rätsel dieser Erde zu lösen, einen Schleier nach dem anderen wegzuziehen, um sich selbst voll und ganz zu erkennen. Der berühmte Aufruf »Erkenne dich selbst!« wurde bisher so verstanden, daß man sich selbst nur mittels der Kontemplation, Meditation und Inspiration als Rätsel – wenn überhaupt – lösen könnte. In diesem Jahrhundert gesellt sich dem Suchenden die Ausnutzung der Regression als Entschleierungsmöglichkeit seiner selbst hinzu samt der Kommunikation mit seinem Höheren Selbst als Dialogpartner.

Die Vorteile einer Selbstrückführung

Gruppen- und Einzelrückführungen sind an einen Ort, eine Zeit und an eine Person gebunden, das heißt, der an einer Rückführung Interessierte muß sich den vom Rückführungsleiter gebotenen Gegebenheiten anpassen. Hat er sich erst einmal zu einer Gruppen- oder Einzelrückführung verpflichtet, wird er dieser nachkommen, obwohl er sich vielleicht an dem festgesetzten Tag gesundheitlich nicht gut fühlt oder wegen Familienproblemen nicht voll zur inneren Sammlung bereit ist.

Beabsichtige ich jedoch, eine Selbstrückführung vorzunehmen, ist es meist klar, daß ich zur Durchführung meines Vorhabens Ort, Zeit, Art und Weise selbst bestimme und mich natürlich nur dann zu einer Rückführung entschließe, wenn ich auch dazu bereit bin und mich innerlich wie äußerlich nicht gestört oder irritiert fühle.

Ich kann also die Voraussetzung für eine Selbstrückführung den Umständen gemäß optimal einrichten, alle Störfaktoren nach Möglichkeit ausschalten und muß mich nicht in einer fremden Atmosphäre zurechtfinden. Die eigentlichen Vorteile werden für den sich selbst Rückführenden jedoch während der Rückführung deutlich. Denn ich kann über Ort und Zeit, wo und wie lange ich mich aufhalten will, frei verfügen und bin keiner mich führenden Stimme einer anderen Person unterworfen.

Dieser Vorteil kann schon während der Count-Down-Entspannungsphase ausgenutzt werden. Wenn ich bei der Zahl 1 ankomme und merke, daß ich mich trotz allem noch nicht tief genug in dem von mir erwünschten Alpha-Zustand befinde, kann ich mich dazu entschließen, nochmals mit dem Count-Down inklusive intensiverer Entspannungssuggestionen von vorn zu beginnen.

Befinde ich mich in einem früheren Leben, kann ich mir beliebig viel Zeit nehmen, um einen Ort ausgiebig zu inspizieren oder alle Einzelheiten eines Erlebnisses oder einer Begegnung auszukosten. Und sollte eine Rückführung zu so einer speziellen Begegnung nicht ausreichen, steht es mir frei, während einer erneuten Rückführung dorthin zurückzukehren. Ich kann also alle wichtigen Begegnungen mit einer mir aus heutigem Leben vertrauten Person über mehrere gemeinsame Inkarnationen hin während einer Reihe von Selbstrückführungen ansehen und mit jener Person oder deren Höherem Selbst Gespräche führen. Sollte es mir jedoch nicht gelingen, eine mir nahestehende und sehr vertraute Person in einem früheren Leben aufzufinden, kann ich diese Wiederfindungsexperimente so lange wiederholen, bis es mir gelingt, eine Blockade zu lösen, so daß mir nun die früheren Erlebnisse mit jener Person frei zur Verfügung stehen. Ich kann also den Gegenstand oder die Person selbst auswählen und über die jeweilige Intensivität und Dauer selbst bestimmen.

Der größte Vorteil einer Selbstrückführung liegt – meines Erachtens – darin, daß ich über alle geheimen oder höchst persönlichen Angelegenheiten aus dem heutigen und den früheren Leben mit meinem Höheren Selbst in aller Ausführlichkeit sprechen kann, ohne von jemand anderem dazu angeleitet oder gar – wie bei der Regressionstherapie – darüber einer anderen Person, dem Regressionstherapeuten, Mitteilung zu machen. Hat man erst einmal den Kontakt zu seinem Höheren Selbst hergestellt, kann man sich von ihm anleiten lassen, wie man jederzeit mit ihm in Kontakt treten kann – zum Beispiel durch die automatische Schrift oder das innere Wort.

Man kann auch mit seinem jeweiligen *früheren Ich* – also der eigenen Persönlichkeit in einem früheren Leben – in direkten Dialog treten und dieses über alles, was es damals dachte oder womit es sich beschäftigte, befragen. Das *heutige Ich* wird somit zum Dialog-Partner seiner früheren Ichs und kann diese, wenn sie danach fragen, über vieles aufklären und sie von eventuellen Beunruhigungen erlösen, womit das heutige Unterbewußtsein und seine Träume immer mehr zu Harmonie und Erlösung finden. Wir können uns von allem unerwünschten Ballast aus früheren Leben mit der Rückführung lösen und somit erlösen. Wir heutigen Menschen sind unter anderem das Produkt der erfahrenen Emotionen aus früheren Leben, die sich zu Verhaltensmustern ausgeprägt haben, die uns daran hindern, schuld- und angstfreie, bedingungslos liebende Menschen zu sein. Mit Hilfe des Höheren Selbst können wir jedoch an unserer Persönlichkeit, die sich in vielen Leben geformt hat, arbeiten und uns von ihm in allem anweisen lassen.

Natürlich wird so ein Arbeiten mittels der Selbstrückführung nur Fortgeschrittenen glücken, und ich möchte Anfänger davor warnen, sich ohne therapeutische Begleitung an schwere Probleme, resultierend aus jetziger und früherer Vergangenheit, zu begeben (die durch eine wiedererlebte Konfrontierung erneut zu wirken anfangen können), weil die erfahrene Begleitperson nicht vorhanden ist, die bei der Loslassung, der Lösung beziehungsweise der Erlösung, dieses Problems hilfreich zur Seite steht. Somit rate ich jedem, der noch nicht über die sichere Kommunikation mit seinem Höheren Selbst verfügt, gravierende Problembereiche, deren Wurzeln vor allem in frühere Leben reichen, nur mit einem erfahrenen Therapeuten aufdecken zu wollen.

Zur Durchführung

Bevor Sie sich dazu entschließen, eine Selbstrückführung vorzunehmen, sollten Sie sich genau überlegt haben, in welche frühere Leben Sie zurückkehren wollen oder welche heutigen Personen oder persönlichen Merkmale (Talente, Eigenarten, Krankheiten, Ängste, Verhaltensmuster, Allergien und so weiter) Sie zurückverfolgen wollen. Am besten schreiben Sie sich Ihre Wünsche auf und prägen sie sich gut ein, doch achten Sie darauf, daß Sie eine Rückführung nicht mit zuviel verschiedenen Vorhaben überfrachten. Sie sollten daran denken, daß Sie die Dauer einer Rückführung anfangs wenigstens beschränken. Einmal sollen Sie ja im nachhinein alles auswerten, sich Notizen machen und vor allem darüber nachdenken, zum anderen könnte die Überschreitung einer gewissen Länge Sie in den Schlaf übergehen lassen, ohne daß vorher eine Programmierung Ihrerseits stattgefunden hat, daß Sie das Erlebte im verfügbaren Gedächtnis behalten werden.

Haben Sie erst einmal viel Übung und Erfahrung gewonnen, werden Sie genau wissen, was und wieviel Sie sich zumuten können.

Nachdem Sie alle äußeren Störfaktoren abgestellt haben, setzen oder legen Sie sich ganz entspannt hin, und versuchen bei geschlossenen Augen alle Gedanken an Ihr heutiges Leben abzuschalten und unter tiefem Aus- und Einatmen innerlich ruhig zu werden. Daraufhin lenken Sie Ihre Gedanken auf die Punkte Ihres Vorhabens, rekapitulieren Sie nochmals, was Sie im einzelnen während der Rückführung sehen, fühlen, hören, erleben und vor allem wissen und erkennen wollen, und bitten Sie jetzt schon Ihr Höheres Selbst, Sie zu beschützen und zu begleiten. Nach dem Schließen der Augen und dem tiefen Einatmen wollen vielleicht viele ein Gebet sprechen und um Beistand und Mithilfe für ein gutes Gelingen bitten.

An dieser Stelle könnte ein Clearing (eine Reinigung) hilfreich sein, indem man sich vorstellt, mit dem Einatmen frische kräftigende Lichtenergien in seinen Körper einfließen zu lassen, die alle negativen oder verbrauchten Energien vertreiben, die durch das Ausatmen aus dem Körper ausgeschieden werden. Auch verweise ich auf die Variationsmöglichkeiten der schon erwähnten Lichtmeditation.[14] Eine optimale Vorbereitung vor dem Beginn der Count-Down-Entspannungsphase wird sicherlich zum Erfolg einer Rückführung beitragen.

Verfügt der sich selbst Zurückführende schon über genügende Praxis, sich leicht in den Alpha-Zustand zu versetzen, so wird er mit dem Count-Down nicht mehr bei der Zahl 20 oder sogar der Zahl 10 beginnen müssen, sondern kann gleich bei der Zahl 5 beginnen oder gar auf das Zählen ganz verzichten. In jenem Zustand kann er jedes beliebige seiner früheren Leben aufsuchen, jedes Problem zurückverfolgen, mit seinem Höheren Selbst oder sogar mit den verschiedenen Ichs seiner früheren Inkarnationen kommunizieren, ja sogar mit denen seiner zukünftigen Ichs in Dialog treten. Er ist befähigt, sich selbst von allen unliebsamen Anhaftungen und Nachwirkungen zu lösen, um sich in aller Freiheit als totale Seeleneinheit oder »reiner« Geist jenseits von Raum und Zeit zu fühlen und zu erkennen.

Ich erwähne diese optimalen Ausrichtungen nicht etwa deshalb, um einen Anfänger zu entmutigen, sondern um ihm Mut zu machen, sich selbst eingehender mit der Autoregression zu beschäftigen und sich dessen gewiß zu sein, daß der Lohn seiner Bemühungen für ihn von unschätzbarem Wert sein wird. Denn je reiner wir im Geist und der Erkenntnis werden, desto höher wird unsere Schwingung, die sich derjenigen des Höheren Selbst nähert. Mit der Erhöhung der Schwingungen wächst auch unser Liebesvermögen und versetzt uns in eine stetige Verzückung. Alle niedrigen Vibrationen halten uns zurück. Sie kleben oft über viele Inkarnationen an unserem Emotionalkörper. Spüren wir sie aber an ihren Wurzeln auf und entlarven sie, so lösen sie sich auf. Erhöhen wir unsere Schwingungen in unserem Emotionalkörper, können sich alle niedrigen Schwingungen nicht mehr daran anklammern, und wir werden frei. Wir werden erlöst von dem langen Erfahrungsweg durch niedrige Schwingungsebenen. Somit sind Rückführungen zugleich Zurückführungen, um durch Bewußtwerdung die Stricke der Anhaftung zu lösen. Unser Höheres Selbst ist immer freudig bereit, uns bei unseren Lösungsprozessen zu helfen, die aus eigener freier Entscheidung geschehen. Und nichts bereitet dem Höheren Selbst größere Freude, als daß wir mit unserem erhöhten Bewußtsein wieder einswerden. Ich hoffe, daß ich denjenigen, der Selbstrückführungen vornimmt, durch diesen kleinen Exkurs nochmals Mut eingeflößt habe, mit seinen Bemühungen unbeirrt fortzufahren.

Die Formulierung des Vorhabens

Sobald man sich – mit welcher Methode auch immer – in den Alpha-Zustand versetzt hat, formuliere man im Geiste den Wunsch seines Vorhabens, zum Beispiel:

Ich möchte in jenes Leben zurückkehren, in dem ich mich als Mönch im 14. Jahrhundert schon einmal gesehen habe. Ich möchte in das Kloster zurück, um mehr über meine Tätigkeit, mein Denken und meine Beziehungen zu erfahren. Ich möchte mein Höheres Selbst bitten, mich zu begleiten und mich auf alle Dinge, die für mich wichtig sein könnten – auch in bezug zu meinem jetzigen Leben – hinzuweisen. Ich begebe mich jetzt in meinen Fahrstuhl, der mich in jenes Leben als Mönch zurückbefördern wird. . . .

Anstelle des Fahrstuhls, der im Grunde nur ein Vehikel zeitversetzender Beförderung ist, kann der Fortgeschrittene auch andere Methoden wählen, zum Beispiel:

Ich gehe jetzt durch einen Nebel, sobald er sich teilt, befinde ich mich in dem Kloster, oder: *Ich sehe jetzt eine verschleierte Wand vor mir. Sobald ich den Schleier wegziehe, sehe ich das Kloster vor mir, in das ich hineingehen werde.*

Während der Langzeitpraktiker nach Wunschwillen von einem Schauplatz zum anderen und von einem Leben in das andere sofort hinüberwechseln kann, sollte der Anfänger Zwischenstationen (Fahrstuhl/Nebel) wählen, um dort Kräfte aufzutanken und seinen Wunsch neu zu formulieren. Dann kann er das nächste Ziel seiner Reise angehen.

Ist er an einem Punkt seiner früheren Leben angekommen und hat sich dort umgesehen, kann er von diesem ausgehend bestimmen, ob er chronologisch vorwärts oder rückwärts gehen oder gar über längere Zeiträume springen möchte. Sieht er sich zum Beispiel in einem Jünglingsalter, kann er ganz genau erfragen, wie alt er momentan ist. Nachdem er alles, was ihn zu diesem Alter interessieren sollte, ausgekundschaftet hat, kann er sagen: *Ich möchte jetzt etwas erleben, was sich im vorausgegangenen Jahr (vor fünf Jahren, vor zehn Jahren, in meiner Kindheit) zugetragen hat.* Oder: *Ich möchte jetzt an wichtige Stationen meiner früheren (späten) Kindheit (Jugend) zurückkehren.* Ebenfalls kann man wunschgemäß nach vorne schreiten. Sollte man aber sagen: *Ich möchte mich jetzt gern als Dreißigjährige(r) sehen,* und es tauchen keine Bilder auf, so kann man deswegen das Höhere Selbst befragen, das einem dann sicherlich Aufklärung darüber verschafft, daß man schon mit – sagen wir – 25 Jahren verstorben war. Will man von einem gefundenen Lebensabschnitt in seinem Leben nach vorne gehen, so empfehle ich, zuerst das Todesjahr vom Höheren Selbst zu erfragen oder sich in dieses zu versetzen. *(Ich befinde mich jetzt im sechsten Monat vor meinem Todesdatum. Wie alt bin ich »jetzt«?)* Nach Feststellung meines Todesjahres kann ich wieder zurückkehren *in die Zeit, als ich 20 Jahre alt war.* Und nun vermag ich nach Belieben in jenem Leben nach vorne zu schreiten, ohne einen »Black-out« erleben zu müssen.

Die Möglichkeiten, wie und was man aus seinen früheren Leben erleben, sehen, hören, schmecken, anfassen und erkennen kann, scheinen unerschöpflich zu sein, und der Abenteurer seiner eigenen Vergangenheiten wird selbst herausfinden, wie und an welche Schauplätze seines Interesses er sich zurück- oder vorversetzen möchte. Später werde ich eine Selbstrückführung komplett anführen, in welcher eine aus dem heutigen Leben vertraute Person in früheren Leben wieder ausfindig gemacht werden soll.

Der Anfänger in der Selbstrückführung wird sicherlich zuerst einmal einen Überblick über viele seiner vergangenen Leben verschaffen wollen. Der Fortgeschrittene wird diese auf ihre Aussagekraft und auf die karmischen Verknüpfungen hin auszuloten versuchen. Der erfahrene Praktiker wird eventuell einheitlichen Mustern und Strukturen seines jetzigen Charakters nachgehen, um deren Entstehung in seinen jahrhundertealten Entwicklungsprozessen zu verfolgen, oder er wird über die Grenzen seines jetzigen Lebens vor- oder rückwärtsschreiten wollen – oder gar Leben in anderen Welten und Dimensionen erforschen wollen.

Jedes Ausloten von Räumen und Zeiten sollte jeweils in Beziehung zu dem heutigen Leben gebracht werden, das immer im Mittelpunkt steht, indem ich etwa frage: *Welche Bedeutung hat das damalige Ereignis für mein heutiges Leben? ... Was habe ich damals daraus gelernt? ... Was bedeutet es noch für mein jetziges Leben im 20. Jahrhundert? ... Welchen Bezug hat jenes Erlebnis zu meinem jetzigen Erlebnis? ...*

Die Selbstbefreiung und Ganzwerdung als Ziel der Rückführungen

Es gilt, das heutige Leben zu meistern. Da das heutige Leben jedoch aus tausendfachen Mosaiksteinchen meiner früheren Leben besteht, deren schattenhaftes Vorhandensein auch noch heute durch mein Seelenleben vibriert, ist es notwendig, daß ich mich diesen zuwende.[15] Denn das damals Unvollkommene (Rache, Wut, Sehnsucht, Eifersucht, Liebe für eine bestimmte Person, künstlerische Ambition, Ehrgeiz, Reichtum, Macht) sehnt sich nach Erfüllung. Kehre ich in den Rückführungen zu den unerfüllt gebliebenen Emotionen zurück und nehme mich ihrer an, indem ich sie wiederaufleben lasse, kann ich – vor allem mit Hilfe des Höheren Selbst – ihnen versichern, daß sie nicht irgendwo abgeschnitten wurden, sondern in anderen Leben ihre Fortsetzung und ihre Steigerung oder allmähliche Umwandlung erfahren. Ich erlöse also mich selbst von in meinem Unterbewußtsein noch vibrierenden vergangenen Seelenfrachten, indem ich mich ihnen zuwende und sie wieder mit meiner überzeitlichen Seinsstruktur verknüpfe. Indem diese Seelenvibrationen erfahren, daß sie alle – die positiven wie die negativen – notwendig waren, um meiner Gesamtpersönlichkeit die Erfahrungen zu verschaffen, die mich erst dazu befähigt haben, »ganz« zu sein, spreche ich sie zugleich von aller Schuld[16] los. Somit erlöse ich sie aus ihrer Unruhe – und kann dann erst ein freier Mensch im Hier und Jetzt werden.

Rückführungen sollten nicht um ihrer selbst willen durchgeführt werden, sondern immer im Zusammenhang mit dem Zurückführen zu jener ganzheitlichen allbewußten Wesenheit, die wir im Grunde immer waren und sein werden, vermehrt um eine neue Bewußtsein- und Seelenerfahrung, die wir durch eine lange Kette von Verkörperungen hinzugewonnen haben.

Nicht jedem Selbstrückführer wird es – zumeist anfangs – gegeben sein, während einer Rückführung bis zur Rückkehr voll bewußt und wach zu bleiben. Viele von den Anfängern mögen schon während der CDE-Phase einschlafen, was natürlich keinen weiteren Nachteil bringt als den, daß man eben nichts erlebt hat und die momentanen Bemühungen erfolglos geblieben sind. Auch sind viele anfangs nicht stark genug, sich selbst zu führen und die Regie zu übernehmen.

Allen jenen empfehle ich die Zuhilfenahme von Tonkassetten.

Die Anwendung von Tonkassetten bei den Selbstrückführungen

Es sind bisher schon eine ganze Reihe von Tonkassetten auf dem Markt erschienen, mit Hilfe derer man seine eigenen vergangenen Leben aufzusuchen vermag. Diese beziehen sich oft nur auf ein bestimmtes Leben und werden nach wiederholtem Anhören von derselben Person kaum noch benutzt werden. Trotzdem möchte ich raten – wenn sich für den Interessenten keine Gelegenheit für eine Gruppen- oder Einzelrückführung anderweitig ergeben sollte –, daß er sich anfangs mit Hilfe solcher Kassetten anleiten läßt oder gemäß der folgenden Anleitung seine eigene Kassette anzufertigen.

Die eigene Kassette hat mehrere Vorteile. Einmal hört man seine eigene Stimme – eine Stimme also, die einem vertraut ist und die einem meistens gefällt. Weiterhin bespricht man diese Kassette in der Ich-Form, womit die Person und die Stimme übereinstimmen und zur Identifizierung mit dem Anzuhörenden beitragen. Drittens kann man sich bei der Besprechung der Kassette genau überlegen, welchen Leben und welchen Fragen man im besonderen nachzugehen wünscht. Hierbei ist es jedoch wichtig, daß man nach einer Frage genügend Zeit einräumt, um während der Rückführung die Möglichkeit nach spontanen Klärungen zu lassen. Viertens werde ich (durch meine Stimme) geführt und muß mich während der Rückführung nicht mit der Frage beschäftigen: Was frage ich als nächstes? Und fünftens: Sollte ich dennoch während der Rückführung einschlafen, so weiß ich doch, daß ich mich am Ende der Kassette durch eine vorher aufgenommene Zurückführungsmethode wieder aus dem Schlaf zurückholen werde.

Besprechung der eigenen Rückführungskassette

Bei einem selbstformulierten Text als Vorlage für eine Rückführungskassette müssen wir unterscheiden zwischen dem Standardtext, der sich für viele Rückführungen eignet und darum auf der Kassette immer wieder verwendet werden kann und somit nicht gelöscht zu werden braucht, und dem Löschtext, der nur auf eine einmalige Verwendung zielt und darum nach Gebrauch wieder gelöscht werden kann.

Der *Standardtext* setzt sich zusammen aus:

a) dem Einleitungstext *(Ich schließe meine Augen . . .)*,
b) dem Count-Down von 20 bis 1 (oder 10 bis 1, oder 5 bis 1) inklusive aller Entspannungssuggestionen,
c) dem allgemeinen Text für das Zurückgehen in Phasen der Vergangenheit des heutigen Lebens (und eventuell der Pränatalphase),
d) der Lichtbegegnung,
e) dem Aufenthalt im Fahrstuhl,
f) der Rückkehr in den Fahrstuhl,
g) dem Zurückholen in die Gegenwart.

Bei dem im anschließenden Kapitel aufgezeichneten Text einer Selbstrückführung wird der Löschtext zur Unterscheidung des Standardtextes *kursiv* gesetzt.

Der *Löschtext* besteht aus:

1. dem Spezifizieren und Formulieren meines Vorhabens in Ergänzung des Einleitungstextes a,
2. dem Zurückgehen in die Stationen meiner jetzigen Vergangenheit in Ergänzung bzw. Weiterführung von c,
3. der Formulierung des Zieles meiner Reise im Fahrstuhl in Ergänzung von e,
4. der Programmierung der erwünschten Stationen und Inhalte des aufzusuchenden früheren Lebens samt dem ersuchten Gespräch mit meinem Höheren Selbst.

Vor dem Gebrauch einer selbstbesprochenen Kassette lösche ich den sogenannten Löschtext, um diesen Sprechraum bei der Besprechung für eine nächste Selbstrückführung wieder neu besprechen zu können. Wichtig ist dabei, daß ich einen Kassettenrekorder mit einem exakten Zähl-

werk benutze und mir genau jene Nummern auf dem Zähl-
werk notiert habe, bei denen der Wechsel vom Standard-
zum Löschtext erfolgt und ersterer samt Pausen wieder einsetzt. Ebenfalls sind die Pausen in den Rückerinnerungs-
phasen zu kalkulieren und dementsprechend festzusetzen,
wobei man selbst darüber befinden muß, nach welchen Fragen man sich eine längere oder kürzere Pause zugestehen
möchte. Der erfahrene Praktiker kann über die in seiner
Hand gehaltenen Schaltvorrichtung die Kassette zum Stop-
pen bringen, um nach Belieben seine früheren Erlebnisse
oder Zwiesprachen mit dem Höheren Selbst andauern lassen zu können, bevor er wieder die Kassette durch Einschal-
tung weiterspielen läßt.

Anfang und Ende des Standardtextes, also a, b und f, g wie
auch e können von einer Meditationsmusik begleitet sein,
die man unter Zuhilfenahme eines zusätzlichen Abspielge-
rätes mit dem Auf-Band-Sprechen des Standardtextes
gleichzeitig aufnehmen könnte. Während der Rückführung
mit Hilfe einer selbst besprochenen Kassette empfiehlt es
sich, diese über Kopfhörer im Sitzen oder Liegen anzuhö-
ren, da somit alle übrigen Störgeräusche ausgeschaltet werden.

Obwohl man als Standardtext aufgezeichnet hat, daß man
alles, was man während der Rückführung erlebt hat, in seinem Gedächtnis bewahrt, wird man sich eventuell trotzdem
schon nach einigen Tagen an mehrere, vielleicht sogar wichtige Einzelheiten nicht mehr erinnern. Deshalb ist es ratsam, sich im Anschluß an eine Rückführung die wichtigsten
Erlebnisse und Erkenntnisse in Stichworten aufzuzeichnen
oder aber das Interessanteste auf eine neue Kassette zu sprechen. Auf einer solchen *Ergebniskassette* kann ich unter
Angabe des Rückführungsdatums mehrere Rückführungs-
ergebnisse aneinanderreihen, so daß ich auch nach Jahren
wieder auf Band Aufgezeichnetes abhören und zuordnen
kann.

Wer jedoch noch exakter alle seine Rückführungen komplett sammeln möchte, möge sich *Archivkassetten* erstellen,
wobei folgendermaßen zu verfahren ist. Man bringe in

Mundnähe ein Mikrophon (oder am Hals Kehlkopfmikro-
phon) an, das die gesprochenen Worte während des Erleb-
nisvorganges auf Band registriert. Hört man seine vorberei-
tete Kassette nicht über Kopfhörer, sondern über Lautspre-
cher, werden von jenem Mikrophon auch der Standard- und
der Löschtext mit aufgenommen, so daß man im Anschluß
über eine vollständig mitaufgezeichnete Rückführung verfügt. Beabsichtigt man von vornherein ein Mitsprechen der
Erlebnisphasen, so kann man bei den Ergänzungstexten zu
a und e folgendes hinzufügen: *Über alles, was ich während
der Rückführung erlebe, berichte ich gleichzeitig, indem ich
klar und deutlich spreche.*

Auch empfehle ich, von der *Standardkassette* eine Kopie
anzufertigen, falls aus Versehen etwas gelöscht wird.[17]

Selbstrückführung in ein Leben mit einer einem heute nahestehenden Person

– Komplette Rückführung –

Der Anfänger von Selbstrückführungen sollte für die Besprechung seiner Kassette den Count-Down von zwanzig bis eins wählen, wie er bei der kompletten Gruppenrückführung in diesem Buch wiedergegeben worden ist. An dieser Stelle wähle ich jedoch die Count-Down-Zählung von fünf bis eins, die für den Fortgeschrittenen genügen dürfte.

Bei der Selbstrückführung kann man jede beliebige einem nahestehende Person wählen oder eine solche, die eine positive oder negative Ausstrahlung auf einen ausübt. Ich verwende im nachstehenden Text dafür die Bezeichnung »Person X« oder einfach nur X, während der Selbstrückführende an diesen Stellen den Namen der Person oder »Mutter«, »Vater«, »mein Sohn Rudolph«, »meine Tante Irmgard«, »mein Chef Herr Hansen« setzt. Es ist wichtig, den Namen beizufügen, damit Verwechslungen ausgeschlossen sind.

Bei der anschließenden Demonstration einer Selbstrückführung wähle ich anfangs als Beispiel ein Ereignis oder ein Datum aus der Kindheit und pränatalen Phase. Es versteht sich, daß man seine eigenen diesbezüglichen Wünsche hier einsetzt.

a) Einleitung

Ich schließe meine Augen. . . . Ich konzentriere mich genau auf die Worte der Kassette und kann alles Gesprochene mitverfolgen. Während mein Körper völlig zur Ruhe kommt und mein Tagesbewußtsein abgeschaltet ist, wird mein Unterbewußtsein ganz wach und aufmerksam sein. . . .

Ich habe eine mich sehr entspannende Sitzhaltung (Liege-stellung) eingenommen. Ich kann alle Gedanken an den All-tag abstellen und mich ganz und gar auf die Kassette kon-zentrieren....

Ich möchte heute erfahren, ob »Person X« und ich uns schon in einem früheren Leben gekannt haben.... Ich werde jetzt von fünf bis eins zählen. Und wenn ich dreimal eins sage, befinde ich mich im total entspannten Alpha-Zustand.

b) Count-Down von fünf bis eins

Fünf! Ich sehe die Zahl 5 deutlich vor mir. Ich betrachte sie mir ganz genau....

Mit meinen unsichtbaren Händen gleite ich jetzt über meine Füße. Die Füße lockern und entspannen sich, lockern sich, lockern sich....

Nun massiere ich mit meinen unsichtbaren Händen meine Beine, von unten nach oben, die Waden, das Schienbein, die Knie und jetzt die Ober- und dann die Unterschenkel. Wäh-rend dieser Massage lockern sich alle Muskeln, Sehnen und Nerven immer mehr. Alles entspannt sich. Ich fühle, wie sich alles löst, entspannt und lockert....

Jetzt gleite ich mit meinen unsichtbaren Händen über meinen Unterleib und Bauch. Alles entspannt und lockert sich. Ich fühle, wie sich eine angenehme Wärme im Bauch ausbreitet. Unterleib und Bauch sind jetzt ganz gelockert, gelockert, entspannt. Ich fühle mich sehr wohl.

Und nun gleite ich mit meinen unsichtbaren Händen über meinen Brustkorb. Alles, was ich berühre, entspannt und lockert sich.... Auch meine Lungen lockern sich, lockern sich, entspannen sich. Ich atme tief und gleichmäßig. Und bei jedem Atemzug entspanne und lockere ich mich mehr und mehr....

Vier! Ich sehe die Zahl 4 genau vor mir. (Ich sehe sie in der Farbe X.)...

Mit meinen unsichtbaren Händen massiere ich meinen Rücken vom Gesäß hinauf bis zu den Schulterblättern. Alle

Muskeln lockern sich, lösen sich, entspannen sich immer mehr und mehr.... Eine angenehme Wärme breitet sich über den ganzen Rücken aus....

Mit den Handballen meiner unsichtbaren Hände gleite ich nun über das Rückgrat von oben bis unten und wiederhole diese Massage. Dabei lockern und lösen sich alle Nerven in meinem Rückgrat mehr und mehr. Alle Nerven des Rückgrates, wie auch des gesamten Rückens, lockern sich, entspannen sich, lockern sich....

Mit meinen unsichtbaren Händen massiere ich jetzt meine Schultern. Alle Muskeln lockern sich, lockern sich, lockern sich....

Nun gleite ich mit meinen Händen über den Hals und massiere meinen Nacken. Alle Muskeln, Nerven und Sehnen lockern sich, lösen sich, entspannen sich....

Drei! Ich sehe die Zahl 3 ganz deutlich vor mir (und zwar in der Farbe X)....

Mit meinen unsichtbaren Händen massiere ich den ganzen Kopf. Dadurch wird er angenehm warm. Ich fühle mich sehr, sehr wohl. Ich bemerke nun, wie sich der Mund- und Kieferraum immer mehr entspannt und lockert. Die Zunge lockert sich jetzt. Auch die Lippen lockern sich, entspannen sich. Der ganze Mund ist jetzt gelockert und entspannt. Der ganze Nasen- und Rachenraum entspannt und lockert sich jetzt. Ich atme weiterhin tief und gleichmäßig, und mit jedem Atemzug entspanne und lockere ich mich mehr und mehr....

Meine Augenlider sind ganz entspannt. Ebenfalls sind die Augenmuskeln ganz entspannt und gelockert. Mein Körper schläft tiefer und immer tiefer ein. Doch mit meinem Bewußtsein bin ich ganz wach und konzentriere mich genau auf alle Vorgänge....

Meine Stirn, die Schläfen, wie auch die ganze Kopfhaut lockern sich und entspannen sich jetzt. Auch der ganze Ohrbereich lockert sich, lockert sich, entspannt sich.

Zwei! Meine Arme lockern sich, lockern sich, entspannen sich.... Auch meine Hände und Finger lockern sich, lockern sich, entspannen sich....

Alle Muskeln meines Körpers sind jetzt gelockert und ent-spannt.... Alle Nerven meines Körpers sind jetzt gelockert und entspannt.

Eins! Eins! Eins! Ich fühle mich ganz eins. Mein ganzer Körper ist total gelockert und entspannt. Ich fühle mich sehr, sehr wohl.

c) Zurückgehen in die jetzige Kindheit und pränatale Phase
(Nur bei Anfängern nötig, sonst nur nach Wunsch)

Ich möchte zuerst zu meinem fünften Geburtstag zurück-kehren. Ich werde nun immer jünger und jünger und nun auch kleiner und kleiner.

Jetzt ist es Mittag, 1.00 Uhr. Wo befinde ich mich jetzt?... Wer ist bei mir?... Was für ein Wetter haben wir heute?... Worüber habe ich mich heute morgen am meisten gefreut?... Gibt es noch etwas, auf das ich mich für heute noch freue?...

Ich verlasse jetzt meinen Geburtstag und werde wieder kleiner und kleiner und fühle mich dabei immer wohler und wohler.

Ich bin jetzt im Bauch meiner Mutter. Mein vorgeburt-licher Körper befindet sich im 5. Monat. Ich fühle mich sehr wohl. Was bereitet mir die größte Freude?... In welcher Form empfinde ich Glück?... Gibt es auch etwas, das mich betrübt? Was ist es?... Befinde ich mich mit meinem Be-wußtsein immer in meinem Körper?... Was nehme ich von der Außenwelt wahr?... Weiß ich noch, wer und wo ich war, bevor ich in den Bauch meiner Mutter eingedrungen bin?... Welche Empfindungen habe ich für meine Mutter?... Was erwarte ich von meinem Leben auf der Erde? Weiß ich, daß ich schon früher einmal auf Erden gelebt habe?... An was kann ich mich spontan erinnern?...

Ich werde nun wieder kleiner und kleiner und fühle mich dabei immer wohler und wohler.

d) Lichteinhüllung

*Und jetzt befinde ich mich dort, wo ich vor meinem Eindrin-
gen im Bauch meiner Mutter weilte. Ich sehe mich von wunderbarem und so unbeschreiblich wohltuendem Licht um-
flutet. Diese Lichtvibrationen dringen auch in mich ein und
erhöhen meine Schwingungen, so daß ich ein unbeschreib-
bares Glücksgefühl genieße. Ich empfinde, daß ich mit allem
eins bin. Ich gebe mich nun für eine Weile diesem herrlichen
Gefühl hin. . . .*

*Ich möchte nun Person X in jenem gemeinsamen Leben
begegnen, das für uns beide sehr bedeutsam war. Ich bitte
mein Höheres Selbst, mich auf meiner Reise in die Vergangenheit zu begleiten und mich über alles Wissenswerte zwischen Person X und mir aufzuklären.*

Ich versetze mich jetzt in einen Fahrstuhl.

e) Im Fahrstuhl

*Ich befinde mich jetzt in einem in vielen Farben schimmern-
den Fahrstuhl. Das Licht bricht sich in den vielen Kristallen
und Spiegeln. Auch höre ich wunderbare Musik aus den
Wänden hervordringen. Alles beglückt mich, und ich fühle
die wohltuenden Licht- und Tonschwingungen in mir vi-
brieren.*

*Ich möchte jetzt in jenes Leben zurückkehren, in dem ich
eine wichtige Begegnung mit Person X hatte. Und ich bitte
mein Höheres Selbst, mich in jenes Leben zu begleiten.*

*Und schon setzt sich der Fahrstuhl sacht in Bewegung.
Jetzt hält er an. Die Türen öffnen sich.*

f) Leben mit »Person X«

*Ich trete hinaus und stehe in einer mir sehr vertrauten Land-
schaft. Ich sehe mir alles ganz genau an. Ich weiß, daß ich
schon hier gewesen bin. . . . Ich blicke auf meine Hände. Jetzt*

streiche ich mit ihnen über meinen Körper und befühle ihn dabei.... Ich betrachte meine Kleidung. Und ich weiß auf einmal, wer ich bin, wie ich genau heiße und wo ich wohne. Ich zähle bis drei, dann weiß ich alle Einzelheiten. Eins, zwei, drei.... Ich weiß auch, welches Jahr in welchem Jahrhundert wir heute haben. Eins, zwei, drei.... Was tue ich in meinem Leben, was ist mein Beruf?... Wo wohne ich?... Wer sind meine nächsten Familienmitglieder? Wie heißen sie?...

Und jetzt erblicke ich X vor mir. Eins, zwei, drei.... Ich betrachte mir X ganz genau, wie X aussieht, was X anhat. Wie heißt X eigentlich?... In welcher Beziehung stehen wir zueinander?... Was war unsere erste Begegnung in jenem Leben?... Wie gestalten sich unsere weiteren Begegnungen?... Was waren unsere gemeinsamen wichtigsten Begegnungen? Ich kann alles ganz gelassen mit ansehen.... Was war unsere schönste Begegnung?... Was bedeutete ich für X?... Was bedeutete X für mich?... Was haben wir uns gegenseitig geben können?... Was haben wir voneinander oder miteinander lernen können?... Was hätten wir besser machen können?... Welche Personen standen zu uns beiden in Beziehung? Wer sind sie, wie heißen sie?...

Und ich bitte mein Höheres Selbst, mir zu sagen, wen ich von diesen Personen zu der Zeit um das Jahr 2000 wieder treffen werde und wie sie dann heißen werden?...

Ich frage mein Höheres Selbst, warum X und ich uns damals begegnen sollten?... Was sollten wir damals wirklich von- und miteinander lernen?... Was haben wir richtig, und was haben wir falsch miteinander gemacht?...

Kannten X und ich uns schon aus vorangegangenen Leben? Wenn ja, wo und wann fanden diese Leben statt? Wer waren wir in ihnen?... Was hatten wir miteinander zu tun?... Was verband oder trennte uns?... In welchem irdischen Leben sind wir uns zuerst begegnet?... Warum mußten gerade wir beide uns begegnen?... Gibt es einen Höheren Sinn dafür, daß ausgerechnet wir uns begegnen sollten?... Gibt es noch gemeinsame Verbindungen, die sich auf Ebenen jenseits der irdischen erstrecken?...

172

Warum mußten X und ich uns um das Jahr 2000 wieder-
treffen?... Gibt es eine karmische Verbindung? Wenn ja, wie
sieht diese aus?... Was sind unsere gemeinsamen Aufgaben
in diesem Leben?... Was sollen wir mit- und voneinander
lernen?... Wie könnten wir unsere Beziehung verbes-
sern?... Gibt es etwas, worauf ich im besonderen im Hin-
blick auf X achten sollte?... Wenn ich noch andere Fragen
an mein Höheres Selbst stellen möchte, dann stelle ich sie
jetzt....

Ich nehme mir vor, daß ich alles, was ich gerade gesehen
und erfahren habe, in meinem Gedächtnis behalten werde,
um mich jederzeit nach Wunsch wieder daran erinnern zu
können....

g) Rückkehr in den Fahrstuhl

Und nun kehre ich in meinen mir vertrauten und so präch-
tigen Fahrstuhl zurück. Jetzt befinde ich mich in ihm. Ich
blicke mich um und erfreue mich an dem Glanz, dem mir so
wohltuenden Licht. Ich lausche der Musik. Ich bin ganz
und gar glücklich.... Ich spüre die mich mit Kraft und Hei-
lung durchflutenden Vibrationen, die von der Musik und
den Farben ausgehen. Mein ganzer Körper füllt sich mit
diesen mich stärkenden Energien. Ich lade mich mit diesen
voll, damit sie lange anhalten und mich beglücken. Und
wenn ich jetzt noch irgendeine Frage an mein Höheres
Selbst habe, dann stelle ich sie jetzt.... Ich bedanke mich
bei meinem Höheren Selbst und wünsche mir, daß es mich
immer beratend begleiten möge. Und jetzt möchte ich mit
meinem Fahrstuhl wieder zurück in das Jahr 19... (20...) in
XY fahren.

Und schon setzt sich der Fahrstuhl langsam in Bewe-
gung.... Jetzt öffnen sich die Türen.

h) Rückkehr in den heutigen Tag

Ich befinde mich an jenem Platz, den ich vorher eingenommen hatte, um Erlebnisse mit Person X in früheren Leben nachforschen zu können.... Ich fühle mich sehr wohl. Ich bin gekräftigt, als ob ich eine angenehme Energiezufuhr erhalten hätte. Ich kann mich mit jedem Mal leichter und leichter in den Alpha-Zustand versetzen und werde mich immer besser an Ereignisse, an frühere Erleben, erinnern können.... Ich kann mich auch gut an all das erinnern, was ich soeben erlebt, gehört, gesehen, gefühlt und erfahren habe. An all das werde ich mich nach Belieben jederzeit erinnern können.

Ich zähle jetzt von 21 bis 25. Und wenn ich fünfundzwanzig sage, öffne ich wieder meine Augen.

Einundzwanzig. Ich bewege meine Zehen.

Zweiundzwanzig. Ich bewege meine Finger.

Dreiundzwanzig. Ich bewege meine Knie.

Vierundzwanzig. Ich bewege meine Ellbogen und strecke mich.

Fünfundzwanzig. Ich öffne meine Augen.

Nachwort

Der Glaube an die Reinkarnation wird sich sicherlich im nächsten Jahrtausend ständig verbreiten, da die Ergebnisse einmal aus den Eigenerlebnissen durch Rückführungen, zum anderen aus der sich weiterentwickelnden Reinkarnationsforschung und zum dritten aus der Regressionstherapie das Phänomen wiederholter Erdenleben immer wieder bestätigen werden.[18] Es könnte sich schon in den nächsten Jahren das Angebot an Gruppen- und Einzelrückführungen genauso verbreiten, wie sich vor zehn bis zwanzig Jahren das Angebot an Yoga-Kursen aufgrund der Nachfrage von Jahr zu Jahr gesteigert hatte. Ich glaube, daß der Glaube an die Reinkarnation als Realität zu den unentbehrlichen Gepäckstücken im Rucksack eines jeden Suchenden im Wassermannzeitalter sein wird.

Das Geschichtsbild der Zukunft

Ich könnte mir auch vorstellen, daß die Lehre von der Reinkarnation in den Schulen in einem Fach, das den Namen *Bewußtseinserweiterungskunde* führen könnte, gelehrt wird und daß – speziell ausgebildete Schulpsychologen in Einzel- oder Gruppensitzungen die Schüler mit effektiven Methoden in ihre früheren Leben zurückführen, um sie einmal von allen psychischen und psychosomatischen Nachwirkungen zu befreien und zweitens dort im Detail nachzuforschen, wo von historischen Ereignissen oder gar berühmten historischen Persönlichkeiten die Rede sein wird. Es liegt auf der Hand, so alle Schüler wöchentlich einmal in ihre früheren Leben zurückgeführt werden, daß sich unter ihnen manche Persönlichkeit aus der früheren Weltgeschichte wieder inkarniert hat, aus deren Unterbewußtsein man nun die detailliertesten Schilderungen der wahrhaft stattgefundenen

Ereignisse erhalten könnte. Die zukünftige Geschichts-
schreibung wird sicherlich die einschlägigen Ergebnisse aus
der Reinkarnationsforschung berücksichtigen, und mancher Historiker wird sich zusätzlich zum Regressionsleiter
ausbilden lassen, um selbst vor Ort die betreffenden Personen in das bezeichnete frühere Leben zurückzuführen, um
sich live aus deren früheren Leben und Denken berichten zu
lassen. Man stelle sich einmal vor, welche Flut von Doktor-
arbeiten somit entstehen könnten.

Die Psychologie der Zukunft

Die zukünftige Psychologie wird ohne die Ursachenfor-
schung mittels der Regression und der Regressionstherapie
nicht auskommen können, denn letztere wird sich als das
wirksamste Instrument in der Hand des Psychologen herausstellen. Diese Psychologie wird sich unter anderem er-
gänzen durch die *spirituelle Psychologie*, wie sie zuerst
durch den *jenseitigen C. G. Jung* begründet worden ist, der
sich durch das Medium *Mirabelle Coudris*[19] der Welt aus einer höheren Dimension mitteilt. Auch für die Regressions-
forschung hat er schon neue Ansätze gegeben. So hält er –
wie er in einem Interview mit dem Schweizer Fernsehen anläßlich der Basler PSI-Tage 1988 sagte – in vielen Fällen das
Auftauchen berühmter Persönlichkeiten während der
Rückführungen für das Inerscheinungtreten von wichtigen
Archetypen in dem Unterbewußtsein des Zurückgeführten,
dessen Begegnung mit diesem von höchster Bedeutung sei.
Ich kann mir sehr gut vorstellen, daß das Auftauchen von
Archetypen bei Rückführungen für die zweite bis vierte Tiefenstufe zutreffen mag. Die Haupterrungenschaft des zukünftigen Zeitalters sehe ich in dem Umstand, daß man mittels einer neuen Psychologie und deren Therapie den Menschen von seinen Ängsten heilen kann. Nur wenn wir Menschen jeder für sich und dann alle untereinander frei von
Angst geworden sind, wenn wir innerlich heil geworden
sind, wird auch die Welt heil werden, sowohl was die

176

Gesellschaft als auch was die Ökologie unseres Planeten angeht.

Ich hoffe, daß dieses Buch einen kleinen Beitrag geleistet hat, die zukünftige Welt heil werden zu lassen.

Anhang
Berichte von Teilnehmern an Rückführungen

Mein spirituellstes Leben

Dieser mir auf Kassette zugeschickte Bericht über eines von drei während einer Gruppenrückführung gesehenen Leben anläßlich eines von mir geleiteten Workshops auf den Basler PSI-Tagen 1988 stammt von der in Königsstein/Taunus tätigen Lebensberaterin und Regressionstherapeutin Hannelore Knöpfler:

Als sich die Fahrstuhltüren öffneten, sah ich als erstes die Pyramiden in Ägypten. Ich nahm mich als dreijähriges Mädchen an der Hand meines Vaters wahr, der eine wichtige Position einnahm. Es wurde ein großes Fest gefeiert, und mein Vater, sehr festlich gekleidet, stand mit meiner Mutter auf einer hohen Plattform und hielt mich an der Hand. Es bestand eine sehr große und sehr enge Verbindung zwischen meinem Vater und mir. Ich erlebte dann einige interessante alltägliche Lebensformen dort in Ägypten und merkte, daß mein Vater mich mehr als meine Mutter liebte und diese mir gegenüber ein sehr reserviertes Verhalten zeigte. Mein Vater hatte sehr früh erkannt, daß ich hellsichtig war und drängte deshalb darauf, daß ich so früh wie möglich in die Pyramiden zur Ausbildung gelangte. Dies geschah dann auch – ich war noch ein junges Mädchen. Ich wurde sehr intensiv geschult und wurde hintereinander in einzelne Stufen eingeweiht. So erlebte ich sehr intensiv, wie mein drittes Auge – also mein sechstes Chakra – in der Pyramide geöffnet wurde und wie mir gesagt wurde, daß ich ab jetzt nie wieder das Volk sehen würde, daß ich die Menschen anders erleben würde und nie mehr unter ihnen leben könnte, daß ich aber voll für sie verantwortlich wäre. Ich war zu diesem Zeit-

punkt sechzehn Jahre alt. Und nach der Initiierung durch die Öffnung des dritten Auges schlossen sich für mich die Pyramiden für immer. Ich durfte von da ab nur noch in ihnen leben, jedoch einen kleinen außerhalb gelegenen Gartenteil nutzen, der aber für das Volk nicht einsehbar war. Ich erlebte später auch noch, wie mir das siebte Chakra geöffnet wurde. Das war die letzte Einweihung. Ich bekam dazu einen lilafarbenen Federschmuck, der gleichzeitig mit vielen Steinen und anderen Edelmetallen geschmückt war, auf den Kopf gesetzt, wurde sehr festlich gekleidet und in einer sehr heiligen wunderschönen Prozession innerhalb der Pyramide eingeweiht. Durch die Öffnung dieses siebten Chakras flossen Energien in mich, die mir weitere Fähigkeiten erschlossen. Es war mein Auftrag, Menschen zu heilen. Diese wurden in die Pyramide geführt, nachdem bereits entsprechende Vorbereitungen an ihnen vorgenommen worden waren. Ich saß auf dem Boden. Es war ziemlich dunkel in diesem Raum. Ich legte den Kopf des betreffenden Menschen in meinen Schoß. In diesem großen Raum schaute ich auf eine Gliederung von flach gewölbten Kammern, die wie kleine Tempel aussahen und indirekt erleuchtet waren. Ich besaß die Fähigkeit, gleichzeitig in all diesen Kammerhöhlungen oder Nischen die früheren Leben des jeweilig erkrankten Menschen zu sehen. Durch die Gleichzeitigkeit des Geschehens konnte ich seine Bestimmung erkennen und konnte auch seine Probleme, seine Krankheiten und die nicht erlösten Prinzipien eindeutig wahrnehmen. Es war faszinierend zu sehen, wie in 16 Kammern zugleich Lebensfilme des jeweiligen Kranken abliefen, dessen Kopf ich derweil mit meinen Händen festhielt.

Anmerkung zum heutigen Leben: *Meinen Lebenspartner Maximilian habe ich erst in der zweiten Lebenshälfte anläßlich einer »esoterischen« Ägyptenreise im Flugzeug kennengelernt. Ich erkannte in dieser Rückführung, daß er mein früherer Vater war. Wir haben uns seit dieser Zeit nicht mehr voneinander getrennt. Bei ihm ist das Gefühl besonders ausgeprägt, mich immer an der Hand zu halten, mich nicht mehr irgendwohin alleine gehen zu lassen.*

Mein Tod in der Wüste

Dieser zusammenfassende Bericht über eines ihrer, bei einer von mir durchgeführten Einzelrückführung, nachvollzogenen Leben wurde von Frau Edith Graf aus Berlin etwa sechs Monate nach jener Rückführung auf Band gesprochen und mir zugeschickt.

Ein weiteres Leben fand in Syrien statt. Ich war ein junges farbiges Mädchen, war sehr dunkelhäutig, und ich sah vor mir mosaikgestaltete bunte Fensterscheiben. Meine Familie war begütert. Mein Vater betrieb irgendwelchen Handel. Er war nicht so dunkelhäutig wie ich, und ich hatte einen kleineren Bruder und eine Mutter, die ebenso dunkel war wie ich. Ich sehe mich da vor einer Handarbeit sitzen, dann durch schmale Gänge und parkähnliche Gärten gehen. Und eines Tages geschah ein Überfall. Mein Vater wurde umgebracht. Was aus meiner Mutter wurde, weiß ich nicht.

Mein Bruder und ich wurden verschleppt, und wir lebten dann bei irgendeinem Scheich in der Wüste in großen Zelten. Der Scheich war ein alter Mann, und er nahm mich als seine Frau. Ich fühlte mich in meinem Stolz tief verletzt. Mein Bruder war dort Wasserträger. Und um dem Scheich zu schaden, veranlaßte ich meinen Bruder, öfter Wasser zu verschütten. Wasser war in der Wüste kostbar. Und in meiner Hilflosigkeit wußte ich keinen anderen Weg, um mich zu rächen.

Nach nicht langer Zeit wurde ich sehr krank und bekam einen schlimmen Ausschlag. Ich wurde in die Wüste geschickt, um dort allein zu sterben. Ich merkte, daß ich immer mehr Durst bekam. Es waren schon Vögel da, die auf mich warteten. Ich wußte, daß es Geier waren, Aasgeier. Und dann merkte ich, wie ich langsam verdurstete. Und ich dachte mit meinem jetzigen Bewußtsein: Du weißt Bescheid. Du kannst dich dann aus deinem Körper lösen und kannst in jenseitige Welten gehen. Ich fühlte, daß ich nicht mehr zum Körper gehörte, aber ich mußte dableiben. Ich konnte mich nicht von dem Körper lösen. Und ich blieb lange, lange Zeit dort. Und dann dachte ich, daß ich doch mal schauen könnte, wie es in meiner ehemaligen Heimatstadt aussah, ob ich unser Haus wiederfinde. Und ich begab mich mit meinem Astralkörper dorthin, habe aber überhaupt nichts mehr gefunden, was ich erkennen konnte. Dann ging ich in das Zelt zurück, wo der Scheich saß und an seiner Wasserpfeife rauchte und lachte und wo wahrscheinlich niemand einen Verlust spürte, daß ich nicht mehr da war, daß ich verstorben war. Auch mein Bruder ging seiner Arbeit nach, ohne daß ich irgendwelche Anzeichen von Traurigkeit bei ihm feststellen konnte. Mein Bruder war übrigens meine jetzige Tochter. Dann ging ich zurück zu meinem abgelegten Körper und konnte mich lange Zeit nicht von ihm lösen. Ich befand mich immer in der Nähe des Körpers. Ich fand ihn nicht schön. Ich konnte überhaupt nichts an ihm finden, was mich hätte an ihn binden können. Und ich fand ihn sogar irgendwie abstoßend. Aber ich mußte lange, lange dableiben.

Dann kam ein Wesen, das ich nicht sah und nur fühlte, das auch nicht sprach und mir trotzdem mitteilte, daß wir uns auf den Weg machen sollten. Und ich sah lange Zeit nichts und folgte dem Wesen. Und dann sah ich die Erdkugel, und über der Erdkugel lag ein gräulich schwarzer Nebelteller ausgebreitet, durch den wir hindurch mußten. Aus dem Mittelpunkt des Nebeltellers stiegen spinnenartig verschiedenfarbige Wege hinauf. Auf diesen Wegen befanden sich Wanderer. Sie schienen sich in eine Schlange gestellt zu haben, als ob sie irgendwo hin wollten. Und wir, d. h. das Wesen, das ich nicht sah, sondern nur empfand, und ich, gingen auch einen Weg entlang. Und wir gelangten schließlich an einen Ort, der sehr hell war. Ich war noch so bedrückt von meinem körperlichen Tod und von all dem Erlebten. Dort jedoch war es fröhlich und heiter. Und dann ging ich in dieser schönen Landschaft mit einem anderen Wesen zusammen spazieren. Und dieses Wesen war mir ganz nah, es war ein männliches Wesen. Ich sagte, daß ich so vieles, was ich auf Erden erlebte, gar nicht verstehe. Und er erklärte, daß es notwendig sei, nochmals dorthin zurückzukehren. Ich sah diese Notwendigkeit ein. Und er versicherte mir, daß er sich um alles

kümmern würde und daß für alles gesorgt sein solle. Und
schließlich erblickte ich mich durch die Gegend wandernd
und bestimmte Kräuter pflückend. Von diesen aß ich einige
und wußte, daß sie mich »verdichteten«. Schließlich war es
so weit. Ich stieg in eine Röhre, die auf einer Wiese zu liegen
schien. Ich ging in diese Röhre hinein. Und als ich in deren
Mitte angekommen war, drehte sie sich ganz schnell. Ich
verdichtete mich zu einem Punkt, der dann irgendwohin ge-
schleudert wurde. Daraufhin befand ich mich im Leib mei-
ner jetzigen Mutter.

Mein vorangegangenes Leben und das Leben nach meinem Tod

Kurzbericht von Ute Frunzke aus Berlin, die 14 Tage nach
einem Gruppenrückführungsseminar im Dezember 1989 ihr
vorausgegangenes Leben sowie ihre Jenseitserlebnisse
schriftlich niederlegte und mir zuschickte. Sie hatte, wie sie
versicherte, vor dieser Rückführung noch nichts über ein
Leben im Jenseits gehört oder gelesen. Wenige Zeit nach
diesem Seminar nahm sie an einem Fortgeschrittenen-Se-
minar teil und erlebte ihre zukünftigen Leben wie auch Leben auf anderen Gestirnen und Erlebnisse mit Menschen
von anderen Erden in früheren Erdenleben.

Tom (Trutz Hardo) zählt langsam von 20 bis 1 und versetzt
uns in den Alpha-Zustand. Ich erlebe als erstes in diesem
Leben meine Einschulung (erster Schultag). Ich sehe mich
mit Mutter und Oma in einer Riesenklasse mit vielen Kin-
dern und Eltern. Ein paar Kinder kannte ich schon. Ich bin
sechs Jahre alt und furchtbar stolz, jetzt endlich in die
Schule zu gehen. Der Schuldirektor redet und stellt uns un-
sere Klassenlehrerin vor, – da ist sie, Frau Denecke (ich
hatte sie die ganzen Jahre über völlig vergessen). Alles ist
furchtbar aufregend, ich will gleich dableiben, aber wir dür-
fen erst am nächsten Tag zu lernen anfangen. Meine Unge-
duld wird nur wenig durch die Schultüte gemildert.
Ich gehe weiter in meine Kindheit zurück, werde immer

kleiner, immer kleiner, bin schließlich im warmen, schützenden Mutterleib, werde auch dort immer kleiner und gehe schließlich bis vor die Zeugung zurück, gerate in einen Sog von weißem Nebel, bis Tom sagt: »Unser Höheres Selbst nimmt uns bei der Hand und führt uns in unser letztes Erdenleben vor dem jetzigen Leben. Wir brauchen keine Angst zu haben, wenn wir jetzt die Brücke überqueren.«

Ich spüre ein Wesen neben mir, was mich tatsächlich in diesem weißen Nebel an der Hand hält und eine große Ruhe und Geborgenheit ausstrahlt. Ich habe keine Angst. Plötzlich sehe ich vor mir im Nebel eine Brücke auftauchen, sehe immer nur einen Schritt weit und erblicke im Nebel ein Brückenteil, gehe aber mit dem Wesen weiter, komme ans Ende der Brücke.

Schlagartig reißt die Nebelwand auf, ich blicke in ein kleines Dachkämmerchen, winzig, aber urgemütlich. Ich sehe einen jungen Mann an einem Schreibinstrument sitzen, er schreibt eifrig und kehrt mir den Rücken zu. Plötzlich bin ich selbst dieser junge Mann, bin in ihm, bin ich. Ich schreibe über politische Ereignisse. Ich bin Schreiber bei einer Zeitung. Ich erinnere mich, wer ich bin. Ich bin Uwe Dohn oder Daun, geboren 1844, am 5. 4., in Berlin, und bin immer in Berlin geblieben. Jetzt bin ich ungefähr Ende 20, Anfang 30. Viele Leute treffen sich immer bei mir. Wir diskutieren eifrig über das Weltgeschehen und fühlen uns sehr wichtig. Wenige Frauen sind darunter, aber eine diskutiert eifrig mit, Margret heißt sie. Wir kommen uns näher, diskutieren zusammen, haben uns sehr lieb, aber wir gehen keine Verbindung ein. Im Laufe der Jahre verlieren wir uns aus den Augen, weil ich sehr beschäftigt bin und keine Zeit habe. Ich schreibe jetzt für mehrere Blätter und bin viel unterwegs.

Irgendwann erkenne ich, daß mir etwas in meinem Leben fehlt, und zwar die Frau, die ich liebe. Jetzt möchte ich sie heiraten und sehr glücklich mit ihr sein. Viele Jahre sind seit damals vergangen. Ich mache mich auf die Suche nach Margret, bin verzweifelt, finde sie nicht. Irgendwann bringe ich in Erfahrung, daß sie schon damals, kurz nach unserem Aus-den-Augen-Verlieren bei irgendwelchen politischen Unruhen ums Leben gekommen ist in einem Gedränge von Pferden und Wagen. In mir stirbt etwas, ich schreibe nicht mehr, ich treffe mich mit niemandem mehr, ich lebe allein, zurückgezogen in meinem Dachkämmerchen und erkenne die Sinnlosigkeit meines materiellen Strebens nach Ruhm und Geld, ohne meine große Liebe damals beachtet zu haben. Der Schmerz läßt mich nie mehr los, ich werde krank, brüte weiter über mich nach und will nicht mehr leben. Meine Hauswartsfrau bringt mir ab und zu eine Suppe, die ich nur ihr zu Gefallen auslöffle. Es interessiert mich nichts mehr, alles hat seinen Sinn für mich verloren. So sieche ich vor mich hin, werde immer schwächer und warte sehnsuchtsvoll auf meinen Tod. Er kommt mir viel zu langsam, aber schließlich kommt er doch. Die letzten Minuten, ich spüre es deutlich.

Plötzlich sehe ich meinen Körper auf dem alten Bett liegen. Ich schwebe oben an der Zimmerdecke, betrachte meinen Körper: Naja, irgendwann wird dich schon jemand finden. Es tut mir nicht weh, gestorben zu sein, ganz im Gegenteil. Ich empfinde eine unendliche Freiheit, ein Losgelöst-Sein und ein so starkes Glücksgefühl in mir, daß ich weinen muß vor Freude. Ich wende mich um und schwebe im diffusen Licht einem weißen Tunnel entgegen, durch den ich muß, ich weiß es. Ich spüre schon Wesenheiten neben mir, aber erkenne nichts, nur diese überschäumende Freude in mir.

Dann bin ich da – auf der anderen Seite. Schon gestorbene Bekannte und Freunde begrüßen mich, umarmen mich und dann – da tritt auch sie auf mich zu in der gleichen Gestalt wie damals, nimmt mich in den Arm und verzeiht mir. Sie hat auf mich gewartet, wir dürfen in dieser anderen Welt zusammenleben.

Diese Welt ähnelt in vielen Dingen unserer Erde, aber die Gegenstände sind andere, sie sind weicher, formfroher. Es gibt mehr Pflanzen, und die Farben sind sehr intensiv, man sieht sie nicht nur, man spürt sie auch. Die Kommunikation der Wesen besteht in Übertragung der Gedanken in Form von Bildern. Wir wohnen in einer Art vornehmer Villa im alten Stil, aber die Einrichtungen sind viel weicher, haben

184

*rundere Formen und sind so fließend in den Raum integriert
– ich kann es nicht beschreiben, da es so etwas hier auf der
Erde heute noch nicht gibt. Ich lebe dort mit Freunden und
meiner großen Liebe, wir sind sehr glücklich miteinander,
aber wir alle haben auch Aufgaben. Wir gehen alle in eine
Art Schule und werden zu dritt oder auch alleine von unserem Meister unterrichtet. Dieser Meister lehrt uns Dinge, indem er Bilder in unser Bewußtsein überträgt. Den Meister
sehe ich nicht, er ist eine sehr hohe Wesenheit aus einer anderen Dimension. Jene Wesen sind viel weiser und weiter
entwickelt als wir. Er bespricht mit uns unsere Fehler im
früheren Leben und lehrt uns für unseren jetzigen Stand
wichtige Dinge. So habe ich mit zwei anderen Unterricht in
Energiemustern und Schwingungen, und ich muß nachholen, ich muß lernen, wie wichtig die Liebe zu den Menschen
ist.*

*Ich darf alleine entscheiden, wann ich auf die Erde zu-
rückgehe, und darf mir meine Eltern selbst aussuchen. Meine
Gefährten versprechen mir, nachzukommen. Wir wollen an
den gleichen Dingen arbeiten: Energie- und Schwingungs-
muster. Ich suche mir ein armes Elternpaar aus, das mich
aber sehr liebhaben wird. Ich will von Anfang an mich unter
Menschen hocharbeiten müssen. Am dritten Tag nach der
Zeugung tauche ich in den Embryo im Mutterleib ein und
kommuniziere die erste Zeit noch sehr viel mit meinen Gefährten in der anderen Welt. Aber ich bleibe bei meiner zukünftigen Mutter. Ich verlasse den Fötus nicht, ich will alles
spüren. Manchmal höre ich Laute, Stimmen von draußen. Ich
kann sie schon voneinander unterscheiden. Am liebsten höre
ich Vater und Mutter, wenn sie sich miteinander unterhalten.
Es gibt auch eine laute unangenehme Stimme, die meine
Mutter zum Arbeiten anhält, die mag ich nicht. Außerdem
fühle ich mich wohl und geborgen und bin sehr ungeduldig.*

*Irgendwann ist es soweit, ich will jetzt raus, beginne mich
zu drehen und zu strampeln. Es dauert und dauert. Dann
urplötzlich, ein kalter Fluß, alles ist kalt und so hell, ich
hänge in der Luft, werde ständig angestoßen, fange an zu
schreien, will zurück. Irgendwann liege ich an der Brust*

meiner Mutter und habe wieder ein ähnlich wohliges und geborgenes Gefühl wie vor der Geburt im Mutterleib. Da kann ich wohlig einschlafen.

Anmerkung: *Das Erlebte ist so stark, daß ich mich mit allem völlig identifizieren kann. Eindeutig besteht ein enger Zusammenhang zu meinem heutigen Leben, zu meinen Tätigkeiten, zu denen ich immer weiter angetrieben werde.*

Anmerkungen

1. Nachts gehen wir, meist ohne es zu wissen, aus unserem irdischen Körper heraus und besuchen mit unserem Geist- beziehungsweise Astralkörper andere Gegenden – sei es auf Erden oder im Jenseits. Planen wir beispielsweise für den nächsten Tag eine Ferienreise in eine uns noch unbekannte Stadt, kann es in der Nacht sehr wohl sein, daß wir uns mit unserem Geistkörper zu jenem Ort begeben wollen, um uns schon einmal umzusehen. Wir sehen uns alles genau an. Mit den Augen unseres Geistkörpers erkennen wir die Bauten, die Straßen – also alles ganz genau –, als ob es keine Dunkelheit gebe. Kommen wir aber am nächsten Tag mit dem Flugzeug in jener Stadt an und spazieren durch sie hindurch, sind wir verblüfft, daß wir alles – oder vieles – schon kennen. Und der Gedanke an frühere Leben taucht auf. Nicht alle Wiedererkennungen müssen also auf Kenntnisse aus früheren Leben zurückgehen

2. In Trance haben Zurückgeführte detailliert Angaben gemacht – zum Beispiel wieviel Meter von einem noch stehenden Turm entfernt sich ein heute verschütteter Brunnen befand. Diese Angaben konnten überprüft und als richtig nachgewiesen werden, auch in Fällen, bei denen man eine faktische Wissensaneignung oder eine telepathische Wissensanzapfung eindeutig ausschließen mußte.

3. Vgl. S. 140 in seinem Buch: *Instrumentelle Transkommunikation. – Dialog mit dem Unbekannten.* Frankfurt 1989. Prof. Senkowski stützt sich wiederum auf die Untersuchungen von Hans Günter Niebeling in dessen Buch: *Die Graphoelemente im EEG und ihre Nomenklatur*, Berlin 1980.

4. Man vergleiche dazu die Nachforschungen Franz Baakes in seinem Buch: *Pia, Pio und ich*, Melsbach 1988.

5. Bruno Meier (a. a. O. S. 106) sieht in den Rückführungen ein Mittel zur Einweihung. Und sicherlich hat er recht, wenn einmal der Zurückgeführte von seinem Höheren Selbst in ihm verborgen gewesene Geheimnisse eingeweiht wird. Somit werden wir in den nächsten Jahrzehnten eventuell über eine Vielzahl von Eingeweihten verfügen, was einer Einzigartigkeit in der Geschichte der Menschheit sein dürfte. Doch wird das Wassermannzeitalter uns nicht alle verändern? Die Eingeweihten haben in ihrem Höheren Selbst ihre persönliche Wahrheitsquelle gefunden, so daß sie nicht mehr suchen müssen, sondern nur noch aus ihr trinken können.

6. Rhea Powers läßt die Zurückführenden nach Zerteilung des Nebels auf einer Brücke stehen, von der dann nur ein Schritt auf das Land zu tun ist.

7. Auch Bryan Jameison benutzt für seine Rückführungstechnik den Fahrstuhl. Er hat seine Methoden auch in deutschsprachigen Ländern demonstriert und Regressionstherapeuten ausgebildet, von denen der in Basel lebende Schwede Dr. Jan Erik Sigdell der bedeutendste sein dürfte.

8. Man vergleiche hierzu die sehr aufschlußreichen Untersuchungen von Ingrid Vallieres (a. a. O. S. 33–54).

9. In der Regressionstherapie spielt der Geburtsvorgang eine gewichtige Rolle, sind doch viele nachhaltige psychische Schäden gerade beim Geburtsvorgang verursacht worden. Siehe Ingrid Vallieres (a. a. O. S. 33–54).

10. Mehrere Regressionstherapeuten haben vormals mit dem katathymen Bilderleben ihre Therapiearbeit begonnen und dadurch auch für ihre Arbeit viel an Erfahrungen und Einsichten gewinnen können. Darum halte ich es für angebracht, daß sich ein angehender Regressionstherapeut mit Leuners Hauptwerk *Katathymes Bilderleben*, Stuttgart 1970, auseinandersetzt.

11. Als Begründerin einer wirkungsvollen Atemtherapie darf Professor Ilse Middendorf *(Der erfahrbare Atem*, Paderborn 1985) angesehen werden, deren Schüler und Schülerinnen in ganz Deutschland Atemtherapie-Pra-

xen eröffnet haben. Während mit Hilfe ihrer Methode bewußt körperliche, sprich seelische Blockaden ausfindig gemacht und geheilt werden, verwendet Gerda Boyesen (*Über den Körper die Seele heilen*, München 1985) zusätzlich die Massage. Nützliche Beiträge zur Atemtherapie entnehme man dem Buch *Atemschulung als Element der Psychotherapie*, hrsg. von Lucy Heyer-Grothe, Darmstadt 1970. Weiterhin sind die Bücher von Alexander Lowen (*Angst vor dem Leben*, München 1989) zu empfehlen.

12. Über Rebirthing sind mehrere nützliche Bücher erschienen, zum Beispiel: Sarito Griebl, *Wie neu geboren – das Rebirthing-Buch*, München 1988; Jim Leonard Phil Laut: *Neu geboren werden*, München 1988; Burkhard Schröder: *Atemekstase– Rebirthing*, Essen 1988.

13. Der in Rückführungen sehr erfahrene Helmut Kritzinger sieht als den häufigsten Grund für fehlende Entspannung die zu große Erwartungshaltung an (Kritzinger II, a. a. O. S. 35).

14. Chris Griscom führt in ihren Seminaren »Clearings« durch, wovon ich eines schildern möchte. Man stellt sich bei geschlossenen Augen vor, daß beim Einatmen durch das Scheitelchakra weiße Lichtenergie in den Körper einfließt. Diese reinigt den Körper, in dem sie alles Negative in sich aufsaugt. Mit dem Ausatmen stellt man sich vor, daß das vielleicht nun im Körper trübe gewordene Licht durch den Solarplexus wieder nach außen dringt. Diesen Vorgang wiederholt man so lange, bis das Licht ganz weiß geworden ist.

In Ergänzung dazu empfehle ich im Anschluß daran, auf gleiche Weise goldenes Licht durch das Scheitelchakra beim Einatmen in den Körper eindringen zu lassen. Dieses goldene Licht ist heilende und kräftigende Lebensenergie, die alles im Körper in Schwingungen der Harmonie und damit des Wohlbefindens versetzt.

Diese beiden Lichtmeditationen scheinen mir in ihrer Vereinigung die beste Vorbereitung für eine Selbstrückführung zu sein.

15. Auch die Verhaltensmuster in diesem Leben – aus Erziehungs- und Umweltfaktoren resultierend – gehen letztendlich auf frühere Leben zurück, denn ich habe beziehungsweise mein Höheres Selbst hat mir genau jene Weichen und Bahnen für das jetzige Leben in meiner Jugend gestellt, damit ich mit der mitgeführten Last genau zu jenen Stationen gebracht werde, an denen ich mich den beabsichtigten Herausforderungen zu stellen habe, um sie anzugehen und somit mein Erfahrungspotential zu vermehren und in meinem vor allem seelischen Wachstum Fortschritte zu erzielen.

16. Rhea Powers hat in ihrem Buch *Reinkarnation* (a. a. O. S. 77 ff) wichtige Grundwahrheiten über Schuld und Vergebung gesagt, die vielleicht nur ein »Fortgeschrittener« oder – wie sie sagen würde – ein »Lichtarbeiter« in ihrem vollen Zusammenhang verstehen kann.

17. Für Interessenten habe ich einen Kassettenlehrgang mit drei Kassetten herausgegeben (*Reinkarnation Total*), der sich für Selbstrückführungen bestens eignet und den man für eine beliebige Anzahl von verschiedenen Leben und deren Erforschung benutzen kann. Man wende sich an: T. Hockemeyer, Theodor-Francke-Straße 5, 1000 Berlin 42.

18. Dr. Harald Wiesendanger schreibt in der Zeitschrift *Psychologie heute* (September 87, S. 23): »Die Wiedergeburtslehre verspricht, der Glaubenskern einer ›postmaterialistischen Gesellschaft‹ zu werden, eine kulturübergreifende Einheitsreligion, die irgendwie alles mit allem in Einklang bringt: Religion und Wissenschaft, Mystik und Aufklärung, Ost und West...«

19. René und Mirabelle Coudris: *In Trance-Dialog mit ›C. G. Jung‹. Channeling Chronic I, II und III* Verlag Die Silberschnur, Melsbach 1988, 1989 und 1990. Von diesem Medium ist das Taschenbuch *Ich kann sprechen* (München 1991, Heyne TB) ihres damals noch ungeborenen Sohnes Manuel David Coudris erschienen, dessen Botschaften eines Ungeborenen die Mutter vernahm und aufzeichnete.

Hinweis:

Wer sich für meine *Rückführungsseminare* interessiert, schreibe an folgende Adresse:

      T. Hockemeyer

      Theodor-Franke-Straße 5

      1000 Berlin 42

Wir senden Ihnen einen Plan über die Seminarveranstaltungen des jeweiligen Jahres zu.

In den *Gruppenseminaren für Fortgeschrittene* (also für solche, die sich mit Erfolg bei wem auch immer zurückführen ließen) wird versucht, die jeweiligen zukünftigen, parallelen und außerplanetarischen Leben nebst anderen Daseinsmöglichkeiten zu erforschen.

Außerdem führe ich *Ausbildungskurse* mit Diplomabschluß für Gruppen- und Einzelrückführer sowie für Regressionstherapeuten durch. Etwaige Anfragen bitte ich an genannte Adresse zu richten.

Literaturverzeichnis

1. Literatur zum Thema Wiedergeburt und Karma

Abendroth, Walter, *Reinkarnation*, Frankfurt 1976

Adler, Gerhard, *Seelenwanderung und Wiedergeburt*, Freiburg 1986, 2. Aufl.

Bernstein, Morey, *Protokoll einer Wiedergeburt*, München

Block, Emil, *Wiederholte Erdenleben – die Wiederverkörperungsidee in der deutschen Geistesgeschichte*, Frankfurt 1980

Brunton, Paul, *Karma – Kette von Ursachen*, Freiburg 1989, 2. Aufl.

Cerminara, Gina, *Erregende Zeugnisse von Karma und Wiedergeburt*, München 1983

Cranston, S./Williams, C., *Wiedergeburt*, München 1989

Dethlefsen, Thorwald, Schicksal als Chance, München 1979

Fortune, Dion, *Das karmische Band*, München 1988

Frieling, Rudolf, *Christentum und Wiederverkörperung*, Stuttgart 1975, 2. Aufl.

Grant, Joan/Kelsey, D., *Wiedergeburt und Heilung*, Zug 1986

Griscom, Chris, *Zeit ist eine Illusion*, München 1988

Head, J./Cranston, S., *Reincarnation – an east-west anthology*, Wheaton 1968

Head, J./Cranston, S., *Reincarnation: The phoenix fire mystery*, New York 1979

Lauritzen, Paul, *Reinkarnation und Freiheit*, München

MacLaine, Shirley, *Zwischenleben*, München 1989

MacLaine, Shirley, *Tanz im Licht*, München 1986

MacGregor, Geddes, *Reinkarnation und Karma im Christentum*, Grafing 1986, 2 Bde.

Michel, Peter, *Karma und Gnade*, Grafing 1988

Passian, Rudolf, *Abschied ohne Wiederkehr?*, Kleinjörl 1979

Passian, Rudolf, *Wiedergeburt*, München

Pryse, James M., *Reinkarnation im Neuen Testament*, Freiburg

Ravignant, Patrick, *Reinkarnation*, München 1985

Schmidt, Karl O., *Wir leben nicht nur einmal*, München 1978

Schmidt, Karl O., *Alles Lebendige kehrt wieder*, Pfullingen 1962

Stearn, Jess, *Soulmates*, München 1987

Steiner, Rudolf, *Wiederverkörperung*

Stevenson, Jan, *Reinkarnation*, Freiburg 1976

Stevenson, Jan, *Wiedergeburt – Kinder erinnern sich an ihre früheren Leben*, Grafing 1989

Topper, Uwe, *Wiedergeburt*, Hamburg 1988

Trautmann, Werner, *Wissenschaftler bestätigen Reinkarnation*, Olten 1986

2. Literatur zum Thema Rückführung und Rückführungstherapie

Dethlefsen, Thorwald, *Das Leben nach dem Leben*, München 1974

Dethlefsen, Thorwald, *Das Erlebnis der Wiedergeburt*, München 1978

Ebertin, Baldur R, *Reinkarnation und neues Bewußtsein*, Freiburg 1987

Fassbender, Ursula, *Reinkarnation – Berichte aus einem früheren Leben*, München 1988

Fiore, Edith, *You have been here before*, New York 1978

Holzer, Hans, *Fenster zur Vergangenheit*, Genf 1970

Iverson, Jeffrey, *Leben wir öfter als einmal? – Die Tonbandprotokolle des Hypnose-Therapeuten Arnall Bloxham*, München 1977

Kritzinger, Helmut, *Praxis der Reinkarnation*, Darmstadt 1986

Kritzinger, Helmut, *Handbuch der Reinkarnationstechniken*, Darmstadt 1986

Meier, Bruno, *Wiedergeburt als Erfahrung*, Bern 1988

Netherton, M./Schiffrin, N., *Bericht vom Leben nach dem Leben*, Steimbke 1984

Peick, Petra Angelika, *Wiedergeburt – eine Reise in frühere Leben*, Freiburg 1987

Powers, Rhea, *Reinkarnation*, Planegg 1989

de Rochas, A., *Die aufeinanderfolgenden Leben,* o. O., o. J.

Scharl, Hubert, *Handbuch der Regressions- und Reinkarnationstherapie*, Schorndorf 1981

Sorge, Martin, *Reinkarnation aus neuer Sicht*, Genf 1986

Stearn, Jess, *Die unsterbliche Seele*, München 1987

Stearn, Jess, *Soulmates*, München 1987

Suthpen, Dick, *Past lifes, future lifes*, New York 1978

Thienel, Peter, *Seelenwanderung*, München 1984

Vallieres, Ingrid, *Praxis der Reinkarnationstherapie*, Steimbke 1988

Wambach, Helen, *Seelenwanderung*, München

Wambach, Helen, *Leben vor dem Leben*, München

Whitton, J. L./Fisher, J., *Das Leben zwischen den Leben*, München 1988

3. Literatur zum Thema Erinnerungen an frühere Leben

Challoner, K. G., *Das Rad der Wiedergeburt*, München 1975

Grant, Joan, *Sekhet-a-Rah – Die Tochter des Pharao*, München 1985

Haich, Elisabeth, *Die Einweihung*, München 1972

Meinhold, Werner, *Der Wiederverkörperungsweg eines Menschen durch die Jahrtausende*, Freiburg 1989

Weden, W./Spindler, W., *Ägyptische Einweihung*, Frankfurt 1978

4. Literatur zum Thema Leben nach dem Tod

Borgia, Anthony, *Das Leben in der unsichtbaren Welt*, Melsbach 1985

Borgia, Anthony, *Begegnungen in der unsichtbaren Welt*, Melsbach 1988

Currie, Jan, *Niemand stirbt für sich allein*, München 1986

Findlay, Arthur, *Beweise für ein Leben nach dem Tod*, Freiburg 1983

Ford, Arthur, *Bericht vom Leben nach dem Tod*, München, 1980

Jancovic, Stefan, *Ich war klinisch tot*, München 1984

Kübler-Ross, Elisabeth, *Über den Tod und das Leben danach*, Neuwied 1990, 1. Aufl.

Mühlbauer, Josef, *Jenseits des Sterbens*, Bonn 1983, 7. Aufl.

Lees, Robert James, *Reise in die Unsterblichkeit*, München 1975

Ohlhaver, Hinrich, *Die Toten leben*, Melsbach 1986

Ring, Kenneth, *Den Tod erfahren – das Leben gewinnen*, Bern 1986

Sabom, Michael, *Erinnerungen an den Tod*, München 1986, 2. Aufl.

Schiebeler, Werner, *Leben nach dem irdischen Tod – die Erfahrungen Verstorbener*, Melsbach 1989

Spiess, Edmund, *Entwicklungsgeschichte der Vorstellungen vom Zustand nach dem Tod*, Graz 1975

Wilson, Collin, *Nach dem Tode*, München 1987

TRUTZ HARDO: REINKARNATION
TOTAL

mit der
Musik
von
SANDELAN

DM 126,–

Inhalt: 3 Kassetten (je 90 min) & ausführliches Textbuch (84 Seiten)

Dieser Kassetten-Set soll es dem Interessenten ermöglichen, viele, wenn nicht <u>alle</u> seine früheren Leben auskundschaften zu können.

Der Teilnehmer an diesen Rückführungen wird <u>keine schrecklichen Ereignisse durchleiden</u> müssen, da er vor allem seine positiven Ereignisse wiedererlebt. Auch wird er <u>nicht in Hypnose versetzt</u>, da die Versetzung in den Alpha-Entspannungszustand für das Wiedererleben früherer Leben ausreicht.

Die <u>1. Kassette</u> ist eine Übungskassette, deren <u>Seite A</u> fünf Vorübungen zur Vertiefung, Konzentration und Visualisation darbietet, während die <u>Seite B</u> die Versetzung in den Alpha-Zustand, das Visualisieren vorgegebener Bilder sowie das Erleben von Bildern aus früheren Leben einübt.

Die <u>2. Kassettenseite</u> bietet auf der <u>Seite A</u> dem Teilnehmer die freie Auswahl seiner früheren Leben. Hier wird er mit seinem HÖHEREN SELBST vertraut gemacht, das ihm auch bei der Auswahl der auszusuchenden Leben behilflich sein kann und ihm, wie bei allen folgenden Kassettenseiten, auf alle Fragen hin Antwort erteilt (auch über heutige Probleme). Mit der <u>B-Seite</u> kann man die verschiedenen früheren Leben erfahren, die man jeweils mit einer/em heutigen Bekannten/Verwandten führte.

Die <u>3. Kassettenseite</u> soll auf der <u>A-Seite</u> das vorangegangene Leben im Detail aufzeigen und schließlich all das wieder in Erinnerung rufen, was nach dem damaligen Tod bis zur heutigen Reinkarnation mit uns geschehen war. Mit der B-Seite soll es vor allem dem eingeübten Teilnehmer gelingen, in chronologischer Rückfolge alle seine früheren Leben auszukundschaften.

Bestellungen: Vertrieb T. Hockemeyer, Theodor-Francke-Str. 5, D-1000 Berlin 42, Tel.: 030/751 63 12

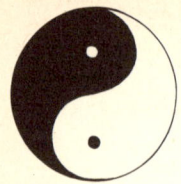